Alexander Prölß

Hochbegabung

Ein Ratgeber für Eltern,
Therapeuten und Pädagogen

RATGEBER

für Angehörige, Betroffene und Fachleute

Alexander Prölß

Hochbegabung

Ein Ratgeber für Eltern, Therapeuten und Pädagogen

Bibliografische Information der Deutschen Nationalbibliothek

Die Deutsche Nationalbibliothek verzeichnet diese Publikation in der Deutschen Nationalbibliografie; detaillierte bibliografische Daten sind im Internet über http://dnb.d-nb.de abrufbar.

Besuchen Sie uns im Internet: www.skvshop.de

1. Auflage 2020
ISBN 978-3-8248-1254-7
eISBN 978-3-8248-9958-6

Mollweg 2, D-65510 Idstein
Vertretungsberechtigte Geschäftsführer:
Dr. Ullrich Schulz-Kirchner, Nicole Eitel, Martina Schulz-Kirchner
Titelfoto: © Christian Schwier – Adobe Stock
Lektorat: Doris Zimmermann
Umschlagentwurf und Layout: Petra Jeck/Susanne Koch
Druck und Bindung:
TZ-Verlag & Print GmbH, Bruchwiesenweg 19, 64380 Roßdorf
Printed in Germany

Inhalt

Aus Gründen der besseren Lesbarkeit wird auf die gleichzeitige Verwendung des männlichen und weiblichen Geschlechts verzichtet. Sämtliche Personenbezeichnungen gelten gleichwohl für alle Geschlechter.

Einleitung

Lukas hat Ende der 2. Klasse noch immer Probleme mit dem Zehnerübergang und rechnet nach wie vor mit den Fingern – das aktuelle Übungsblatt überfordert ihn völlig. Franziska hingegen rechnet schon sicher Sachaufgaben im Zahlenraum bis 1000 – sie fragt die Lehrkraft bereits nach gut fünf Minuten nach neuen, „spannenderen" Aufgaben.

Als Lehrer zu unterrichten ist im Grunde genommen ein bisschen wie der Bergführer auf einer Wanderung zu sein: 25 Mann in der Truppe, zwei davon mit Gipsbein, vier Leistungssportler und die breite Masse irgendwo dazwischen. Auf halbem Weg stellt man fest, dass ein Kamerad trotz des wirklich marginalen Anstiegs schon aus der Puste ist, ein zweiter seinen Rucksack vergessen hat und man eigentlich umkehren müsste und der dritte kaum mehr in Sichtweite ist und bereits etwa einen Kilometer vorauseilt. Normalerweise müsste man Letzteren zurückrufen und ausbremsen. Schließlich soll die ganze Mannschaft mehr oder weniger zeitgleich am gleichen Ziel ankommen. Der Bergführer steckt sichtlich in einer Zwickmühle, welche jedoch den Schulalltag ganz gut illustriert: Einerseits möchte man schwächere Schüler fördern, weil es der pädagogischen Grundüberzeugung widerspricht, sie „einfach auf der Strecke zu lassen". Andererseits steht das Anrecht auf begabungsgemäße Förderung leistungsstarken Schülern gleichermaßen zu. Gerade im Hinblick auf die bildungspolitische Forderung nach „Inklusion", die vor allem die Schwächeren miteinschließt, ist jedoch die Gefahr gegeben, dass insbesondere die Bedürfnisse leistungsstarker Kinder aus dem Blickfeld geraten.

Dieser Ratgeber soll dazu dienen, den Lesern – Eltern wie Lehrkräften – zuerst das Phänomen Hochbegabung näherzubringen. Was ist eigentlich Hochbegabung? Wie kann ich es bei meinen Kindern bzw. bei Schülern erkennen? Neben der Darstellung der diagnostischen Möglichkeiten wird auch detailliert auf die Persönlichkeitsmerkmale dieser Kinder eingegangen. Anschließend wird der Förderung dieser Kinder viel Raum gegeben. Neben den Fördermöglichkeiten in Kindergarten und Schule wird auch in einem eigenen Kapitel der Umgang im häuslichen Kontext behandelt.

Abschließend werden dem Leser noch die klassischen Hilfs- und Unterstützungssysteme vorgestellt, an die man sich als Erziehungsberechtigter oder auch als Pädagoge wenden kann.

Abgerundet wird der Ratgeber mit einer Liste hilfreicher Informationen zu Vereinen, Verbänden, Fördermöglichkeiten und vielem mehr.

Dem Betätigungsfeld des Autors entsprechend orientiert sich das Werk stark am bayerischen Schulsystem. Generell sind viele schulische Maßnahmen auf die anderen Bundesländer übertragbar, aber leider nicht alle. Daher wird dem Leser geraten, sich bei den Lehrkräften seiner zuständigen Schule über etwaige Besonderheiten zu informieren.

Dieser Ratgeber soll Sie einladen, sich mit dem Thema Hochbegabung auseinanderzusetzen und gibt Ihnen hoffentlich hilfreiche Impulse im Umgang mit diesen Kindern.

Dr. Alexander Prölß

| Begriffsklärung: Was ist Hochbegabung?

Die Frage, was Hochbegabung eigentlich ist, kann man anhand eines Beispiels aus der Fernsehlandschaft sehr gut skizzieren. In den 1990er-Jahren flimmerte im vorabendlichen Fernsehprogramm in zahlreichen Haushalten die Familie Simpson über den Monitor, die mittlerweile einen richtigen Kultstatus bekommen hat.

Abb. 1: Die Familie Simpson

Die Familie Simpson (siehe Abb. 1) besteht aus fünf Mitgliedern. Als Erstes ist Homer Simpson zu nennen, Vater und Ernährer der Familie, verheiratet mit Marge Simpson, Hausfrau und Mutter der drei gemeinsamen Kinder. Bart, der Älteste, sticht vor allem durch Auffälligkeiten im Sozial- und Arbeitsverhalten hervor. Das Nesthäkchen ist Maggie, die seit mehreren Staffeln immer noch nicht sprechen kann und der man aus heutiger Sicht wahrscheinlich Mutismus attestieren würde. Das für das Thema des Ratgebers wichtige Kind ist das fünfte Familienmitglied, Lisa, das Sandwichkind. Sie erfüllt in der Serie alle typischen Klischees der Hochbegabung. Sie ist sehr intelligent und ihren Klassenkameraden kognitiv weit voraus. Zudem zeichnet sie sich durch starke Wissbegierde, selbstständiges Lernen und einen sehr elaborierten Sprachstil aus. Darüber hinaus sucht sie zunehmend den Kontakt zu Erwachsenen, um mit diesen rechtliche, philosophische oder religiöse Fragestellungen zu diskutieren. Nebenbei ist sie musikalisch sehr erfolgreich und besucht in der Freizeit liebend gern Museen und Bibliotheken, anstatt mit Gleichaltrigen im Freien zu spielen.

Sind jetzt aber alle hochbegabten Kinder zugleich soziale Außenseiter? „Nerds", die lieber das Alleinsein suchen, um sich dann mit ihren Inselbegabungen zu beschäftigen, anstatt die Freizeit mit Peers zu bestreiten? Verfügen alle begabten Kinder über einen unglaublichen und nicht stillbaren Wissensdurst? Zeichnen sie sich alle durch eine unglaublich extreme intellektuelle Begabung und einen sehr elaborierten, altersunangemessenen Sprachstil aus?
Um diesen Sachverhalt wissenschaftlich korrekt beantworten zu können, muss man erst die Frage klären, was man eigentlich unter Begabung versteht.

Was ist Begabung?

Heutzutage wird der Fokus häufig auf die intellektuelle Hochbegabung gelegt.

Begabung ist ein sehr unscharf abzugrenzender Begriff. Je nachdem, aus welcher Blickrichtung man ihn betrachtet, aus der pädagogischen, philosophischen oder psychologischen, ergibt sich eine andere Definition. Begabung bezeichnet im Allgemeinen das leistungsbezogene Potenzial eines Menschen. Dementsprechend ist die Hochbegabung ein extrem hoch ausgeprägtes Entwicklungspotenzial (Preckel & Vock, 2013). In der heutigen Zeit wird der Fokus überwiegend, gerade seitens der Bildungspolitiker sowie der Wirtschaft, auf die ***intellektuelle Hochbegabung*** gerichtet. Darunter versteht man das extrem hohe Leistungspotenzial von Individuen für die Aneignung von Wissen oder von speziellen Fertigkeiten, hohe Wissbegierde sowie die Fähigkeit zum abstrakten Denken und zum Problemlösen. Der Begriff Hochbegabung ist ein theoretisches Konstrukt, um das spezielle Phänomen der außergewöhnlich hohen intellektuellen Leistungen erklären und beschreiben zu können. Diese Art der Definition ist ganz eng mit dem Konstrukt der Intelligenz verbunden, das bis heute die zentrale Rolle in der Hochbegabungsforschung spielt.

→ Begabung bezeichnet im Allgemeinen das leistungsbezogene Potenzial eines Menschen.

Was versteht man unter Intelligenz?

Trotz enormer unternommener Anstrengungen seitens der empirischen Psychologen liegt bis heute keine allgemein akzeptierte Definition von Intelligenz vor. Ausgehend von der Wortherkunft (lat. *intellegere:* verstehen, wahrnehmen, merken, erkennen, empfinden) definierte beispielsweise Wilhelm Stern 1912 die Intelligenz *als Fähigkeit des Individuums, sein Denken bewusst auf neue Forderungen einzustellen. Sie ist die allgemeine geistige Anpassungsfähigkeit an neue Aufgaben und Bedingungen des Lebens* (Stern & Whipple, 1914). David Wechsler sah hingegen in der Intelligenz mehr die globale Befähigung eines Individuums, zweckvoll zu handeln, vernünftig zu denken und sich erfolgreich mit seiner Umwelt auseinanderzusetzen (Wechsler, 1972).

Intelligenz leitet sich vom lateinischen Verb intellegere ab, das „verstehen" bedeutet.

So wie es bei der Definition von Intelligenz mehrere Ansichten gibt, so ist es auch bei den Modellen, die das Konstrukt der Intelligenz veranschaulichen sollen. Die im Alltag am häufigsten anzutreffende Vorstellung von Intelligenz geht auf das von Raymond Cattell 1963 entwickelte Modell zurück, das von einem einheitlichen, homogenen und intellektuellen Konstrukt ausgeht. Dieses besagt, dass die allgemeine Intelligenz in zwei unabhängige Komponenten zerlegt werden kann: die kristalline und die fluide Intelligenz (siehe Abb. 2).

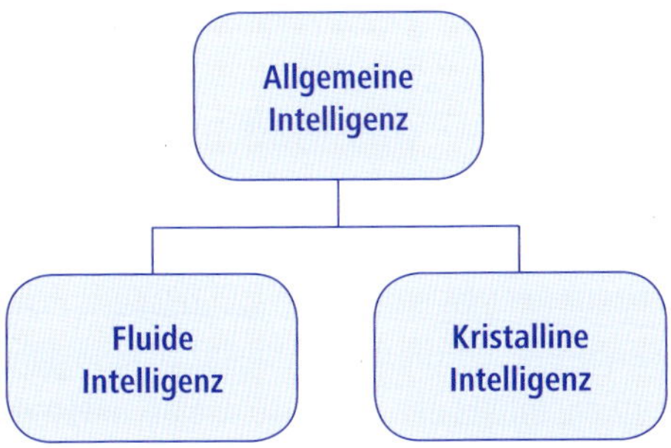

Abb. 2: Das Intelligenzmodell nach Cattell (1963)

Die *fluide* (oder auch *flüssige*) *Intelligenz* ist nach Cattell genetisch bedingt und von Geburt an bei jedem Menschen vorhanden. Sie umfasst die Fähigkeit, komplexe Be-

ziehungen, Zusammenhänge, Gesetzmäßigkeiten und Muster zu erkennen, abstrakte Probleme zu lösen und sich auf neue Gegebenheiten einzustellen. Sie kann somit als „Grundfähigkeit des Denkens" bezeichnet werden, die durch äußere Bedingungen nicht gesteigert werden kann und mit zunehmendem Alter auch abnimmt.
Die ***kristalline Intelligenz*** umfasst das Wissen, das ein Mensch erwerben kann (z. B. Faktenwissen wie Jahreszahlen und das Einmaleins), und ist stark durch die Umwelt und kulturelle Gegebenheiten (z. B. Schrift und Sprache) geprägt. Sie beruht sehr häufig auf expliziten Lernerfahrungen und nimmt mit dem Lebensalter zu. Die kristalline Intelligenz ist zudem von der fluiden Intelligenz abhängig (Cattell, 1963).

→ Nach Cattell untergliedert sich die allgemeine Intelligenz in zwei unabhängige Komponenten: die kristalline Intelligenz (Lernerfahrungen, umweltbedingt) sowie die fluide Intelligenz (angeboren, Fähigkeit zum logischen Denken).

Hochbegabte Kinder zeichnen sich vor allem durch eine stark ausgeprägte fluide Intelligenz aus, die nicht antrainiert oder gelernt werden kann. Häufig verwechseln Pädagogen sowie Eltern das reine ausgeprägte Faktenwissen mit Hochbegabung, aber dieses kann eben unter Umständen erlernt bzw. gefördert worden sein. Natürlich verfügen auch hochbegabte Kinder über ein sehr umfassendes Fachwissen, aber dieses ist bei Hochbegabung immer mit überdurchschnittlichen Werten im Bereich der fluiden Intelligenz gepaart.

Der Intelligenzquotient – das Maß aller Dinge?

Die bekannteste Einheit, um die Intelligenz zu messen, ist der Intelligenzquotient: kurz IQ. Der Intelligenzquotient ist eine durch zahlreiche durchgeführte statistische Verfahren ermittelte Kerngröße, um die intellektuelle Leistungsfähigkeit von Menschen zu erfassen. Dabei zeigt die Intelligenz, genauso wie beispielsweise die Körpergröße, eine Normalverteilung in der Bevölkerung auf. Das bedeutet, dass nur wenige Menschen eine sehr hohe bzw. eine sehr niedrige Ausprägung des Merkmals aufzeigen. Der IQ 100 bildet dabei den Mittelwert (siehe Abb. 3).

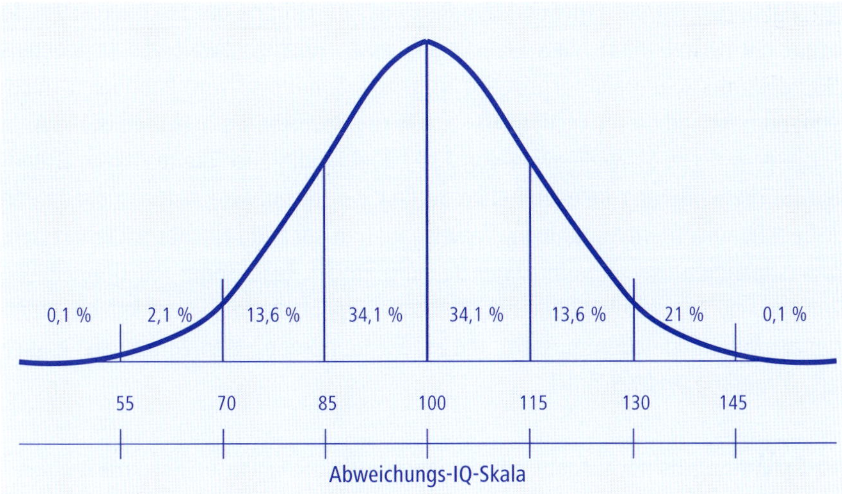

Abb. 3: Die Normalverteilung der Intelligenz

Die meisten Menschen (gut zwei Drittel der Bevölkerung) erreichen einen IQ zwischen 85 und 115. Dieser Bereich wird auch als Durchschnittsbereich bezeichnet. Alles, was unter dem Wert von 85 liegt, wird als unterdurchschnittlich, alles, was über dem Wert von 115 liegt, als überdurchschnittlich bezeichnet. Um die Intelligenz eines Menschen festzustellen, werden spezielle Intelligenztests benötigt und durchgeführt (siehe Kap. *Hochbegabungsdiagnostik – Ein Überblick*).

Intelligenzquotient: Die Intelligenz ist in der Bevölkerung normal verteilt, das bedeutet, dass gut zwei Drittel der Bevölkerung einen IQ-Wert im Normalbereich von 85 bis 115 aufzeigen.

Was ist Hochbegabung nun genau?

Trotz neuester Erkenntnisse aus der pädagogischen Psychologie, dass Hochbegabung allein nicht immer mit einer hohen Intelligenz gleichzusetzen ist (siehe Kap. *Alternativen zur psychologischen Testdiagnostik*), bildet die Intelligenzdefinition auch heutzutage immer noch den Standard unter den pädagogischen Praktikern, Bildungspolitikern und Verbänden bei der Zuteilung von Personen zur Gruppe der Hochbegabten. So besagt die IQ-Definition, dass eine Person einen Intelligenzwert von mindestens 130 haben muss, um als hochbegabt zu gelten. Somit sind vom Phänomen Hochbegabung anhand dieser Festlegung ca. 2 % der Bevölkerung betroffen (siehe Abb. 3). Dieser kritische Schwellenwert von 130 bildet häufig auch die rechtliche Grundlage für die Förderung im schulischen Setting. So setzen viele Aufnahmeverfahren für Begabungsfördermaßnahmen, Versetzungen in spezielle Hochbegabtenklassen, Förderstipendien usw. eine Intelligenztestung, in der Regel sogar mit Doppelbeleg (Anmerkung: Doppelbeleg bedeutet, dass zwei Ergebnisse von verschiedenen Intelligenzverfahren vorliegen müssen), mit exzellenten Ergebnissen voraus (siehe auch Kap. *Förderung in der Schule*).

→ **IQ-Definition: Als hochbegabt gilt die Person, die bei einem Intelligenztest einen bestimmten Schwellenwert überschreitet. Dieser Wert ist basierend auf der rein statistischen Annahme einer Normalverteilung der Intelligenz aktuell bei einem IQ-Wert von über 130 festgelegt.**

Natürlich ist diese Definition stark einseitig, da sie dem komplexen Phänomen der Hochbegabung mit all seinen Facetten nicht gerecht wird. So werden mit dieser Art der Definition andere Begabungsfaktoren, wie kreative Fähigkeiten, soziale Kompetenzen, praktische Intelligenz oder psycho-motorische Fähigkeiten, nicht berücksichtigt. Zudem ist diese Art der Intelligenzerfassung auch fehlerbehaftet. So können viele Intelligenzverfahren nur schlecht im unteren, aber auch häufig im oberen Leistungsbereich nicht ausreichend differenzieren. Ferner können auch individuelle Tagesschwankungen der Leistungsfähigkeit, beispielsweise bedingt durch Erkrankungen oder Müdigkeit, dazu führen, dass nicht valide Ergebnisse ermittelt werden (Ziegler, 2008).

Multidimensionale Intelligenzmodelle gehen von verschiedenen Begabungsformen aus.

Neben dem klassischen eindimensionalen Modell der Intelligenz liegen heutzutage noch viele weitere multidimensionale und prozessorientierte Modelle der Intelligenz vor. So postulierte Howard Gardner 1983 acht eigenständige Intelligenzdimensionen. Im Gegensatz zu den hauptsächlich statistisch fundierten klassischen Intelligenzmodellen, die rein auf die intellektuelle Begabung setzen, sieht Gardner neben der ***mathematisch-logischen Begabung*** (entspricht der fluiden Intelligenz bei Cattell) noch sieben weitere Begabungstypen in seinem Modell vor: ***linguistische, naturalistische, musikalische, räumliche, kinästhetische, interpersonelle*** (= die Fähigkeit, Emotionen anderer Menschen zu erkennen und darauf angemessen reagieren zu können) sowie ***intrapersonelle*** (= das Wissen über die eigenen Gefühle und diese zielgerichtet einsetzen zu können) (Gardner & Spengler, 2008). Ausgehend von dieser Definition ergeben sich andere Definitionsmöglichkeiten von Hochbegabung. So kann beispielsweise eine Definition über die kreative Begabung erfolgen. In diesem Fall wird die IQ-Definition konsequent abgelehnt und vollständig durch den Faktor Kreativität ersetzt. Wer neue originelle Dinge schaffen kann, gilt als hochbegabt. Die weittragende Reichweite dieser Definition und die Frage nach der Konzeption von Kreativität stellen hierbei aber ein großes Problem dar (Holling & Kanning, 1999). Diese Thematik wird in diesem Buch nicht weiter vertieft, da sie für den schulischen Alltag nicht relevant ist.

Exkurs: Intelligenz – angeboren oder anerzogen?

Früher ging man davon aus, dass Intelligenz ein stabiles Persönlichkeitsmerkmal ist, das sich vor allem in den ersten Lebensjahren ausbildet und sich im Verlauf der Entwicklung irgendwann stabilisiert. Mittlerweile konnte durch zahlreiche Studien nachgewiesen werden, dass Intelligenzzuwächse nicht nur auf das frühe Kindesalter bzw. Grundschulalter beschränkt sind. So gibt es mehrere Untersuchungen, die sehr deutlich aufzeigen, dass auch noch in höheren Klassen, sprich bei Jugendlichen, substanzielle Intelligenzzuwächse bei regelmäßiger Beschulung nachweisbar sind (Neubauer & Stern, 2008; Ziegler, 2008). Man muss aber bei der Intelligenzsteigerung darauf achten, dass sich diese lediglich auf die kristalline Intelligenz beschränkt. Die fluide Intelligenz ist von Lernzuwächsen ausgeschlossen.

Regelmäßige Beschulung macht intelligenter.

Wie verhält sich nun in diesem Zusammenhang der Faktor Vererbung? Wenn beide Eltern bereits Akademiker sind, könnte man meinen, dass die Chancen auf eine wissenschaftliche Karriere der Kinder doch sehr hoch seien. Ungeachtet der Debatten über die Chancengerechtigkeit durch das Schulsystem muss diese Annahme bestätigt werden: Intelligenz gehört zu den vererbten Eigenschaften eines Menschen. Um diese Frage zu beantworten, führten Forscher im letzten Jahrhundert sogenannte

„Zwillingsstudien" durch. Hierzu wurden Zwillingspaare (eineiige Zwillinge vs. zweieiige Zwillinge vs. normale Geschwisterpaare) und ihre Umgebung (nach der Geburt zusammen aufwachsend vs. getrennt aufwachsend) untersucht, um den Einfluss genetischer Faktoren sowie der Umwelt auf die intellektuelle Begabung zu untersuchen. Dabei kam heraus, dass große Ähnlichkeiten bei den eineiigen Zwillingen im Bereich der Intelligenz festzustellen waren, was auf einen erheblichen Einfluss der Erblichkeit hindeutete. Die Forscher gehen daher meist von einer Vererbungsquote der Intelligenz von 50 bis 60 % aus (Webb, 2017; Zimbardo & Gerrig, 2018).

Das kognitive Potenzial muss gerade in den ersten Lebensjahren gefördert werden, um die genetischen Grundlagen bestmöglich zu nutzen.

Neue Ansätze in der Begabungsforschung weisen allerdings darauf hin, dass es kein „Intelligenzgen" gibt. In der Neuropsychologie gelten vererbte Eigenschaften nämlich als unveränderbar, sodass die Umwelt keinen Einfluss darauf hat (wie z. B. bei der Augenfarbe). Beim Gehirn weiß man aber, dass es sich durch Anregungen von außen, nicht nur durch kognitive Anreize, sondern auch durch soziale Interaktionen mit anderen Personen bis ins hohe Alter verändert.
Man spricht hier auch von der Plastizität des Gehirns (Rüegg, 2011). Wenn man daher von Vererbung von kognitiver Leistungsfähigkeit spricht, dann nicht von der Intelligenz an sich in Form einer unveränderbaren genetischen Information, sondern von der Vererbung von kognitiven (Hirn-)Eigenschaften, wie beispielsweise Aufnahmekapazität und Veränderungsfähigkeit. Somit kann man davon ausgehen, dass Gene „Geburtspotenziale" (Stradelmann, 2019) sind, die das biologische und kognitive Fundament eines Menschen bilden. Sie dienen damit als Grundlage für die kognitiven Entwicklungsmöglichkeiten, aber inwieweit diese ausgeschöpft werden, hängt vom Input der Umwelt ab. Somit wird in dieser Theorie der Einfluss der Umwelt mehr gewichtet als bei den traditionellen Annahmen (Stradelmann, 2019).

→ **Intelligenz wird bis zu einem gewissen Grad vererbt. Forscher gehen von 50 bis 60 % aus. Der Rest wird durch Umweltfaktoren wie z. B. Elternhaus, Persönlichkeitsmerkmale des Kindes usw. beeinflusst.**

Hochbegabungsdiagnostik – Ein Überblick

Die Diagnostik ist von zentraler Bedeutung für die Identifikation von hochbegabten Kindern. Generell ist die Entwicklung von formalen Tests und Verfahren eine relativ junge Domäne der Psychologie, die erst zu Beginn des 20. Jahrhunderts ihren Anfang nahm. Ein Pionier der psychologischen Diagnostik war der Engländer Sir Francis Galton, der mit seinem 1869 veröffentlichten Werk *Hereditary Genius* (deutscher Titel: Genie und Vererbung) diesen Fachbereich der Psychologie nachhaltig prägte. Als Charles Darwins Cousin war er stark von der Evolutionstheorie beeinflusst und wollte wissenschaftlich erfassen, wie und warum sich Menschen in ihren Fähigkeiten unterscheiden. Aus seinen Untersuchungen leitete er verschiedene Postulate ab, wie beispielsweise, dass die menschliche Intelligenz quantifizierbar (messbar) und bei der Bevölkerung glockenförmig (siehe Normalverteilung Kap. *Der Intelligenzquotient – das Maß aller Dinge?*) verteilt ist. Diese Annahmen gelten bis heute.

Psychologische Diagnostik: Der Einsatz von standardisierten Verfahren zur Erfassung des menschlichen Erlebens und Verhaltens.

Der Intelligenztest

Der erste Intelligenztest wurde 1905 in einer Veröffentlichung von Alfred Binet vorgestellt. Dieser ist dem Auftrag des französischen Bildungs- und Erziehungsministeriums gefolgt, die damaligen Lernmethoden auf ihre Effizienz zu überprüfen. So eine Evaluation war nur mit der gleichzeitigen Erfassung der kognitiven Zuwächse der Schüler möglich. Ergo: Der erste Intelligenztest war geboren. Binet und seine Kollegen führten zahlreiche Untersuchungen mit Kindern durch und entwickelten damit die Messgröße „Intelligenzalter", die später durch das Maß „Intelligenzquotient (IQ)" abgelöst wurde (siehe Kap. *Begriffsklärung: Was ist Hochbegabung?*). Die Anwendung von Intelligenztests zur Erfassung der kognitiven Fähigkeiten einer Person ist auch heute noch das Mittel der Wahl. Generell gilt es aber dabei zu beachten, dass die Ergebnisse solcher Verfahren gerade bei jüngeren Kindern nicht stabil sind. Daher ist eine Intelligenzdiagnostik bei Kindern unter fünf Jahren wenig sinnvoll. Dennoch wird sie auch in jungen Jahren bei Kindern angewendet, um beispielsweise den richtigen Förderort zu ermitteln. Dabei muss aber beachtet werden, dass es sich bei den Ergebnissen lediglich um eine Momentaufnahme handelt, die es nach paar Jahren zu verifizieren gilt. Umso älter die Person bei der Untersuchung ist, desto stabiler ist auch das Merkmal der Intelligenz (Preckel & Vock, 2013).

→ **Statusdiagnostik:** Das Ergebnis eines Intelligenztests gibt lediglich eine aktuelle Momentaufnahme wieder, die sich im Laufe des Lebens noch verändern kann.

Zur Erfassung des Intelligenzquotienten steht dem Diagnostiker eine Fülle an verschiedenen Testverfahren zur Verfügung. Im psychologischen Alltag werden sehr häufig *sogenannte Grundintelligenztests bzw. nonverbale Intelligenztests,* die sich vor allem durch visuelle und figurale Aufgabenstellungen auszeichnen, verwendet. Diesen Verfahren liegt in der Regel das theoretische Modell nach Cattell (siehe Kap. *Begriffsklärung: Was ist Hochbegabung?*) zugrunde. Dabei müssen die Probanden Bildreihen vervollständigen oder Bilder, die sich fälschlicherweise in einer Reihe weiterer Bilder befinden, identifizieren. Der Vorteil dieser Verfahren ist, dass sie häufig ohne viele Instruktionen angewendet werden können und somit auch bei der Diagnostik bei Kindern mit Migrationshintergrund Anwendung finden. Ebenfalls vorteilhaft ist die zeitökonomische Handhabung. Nachteil solcher Verfahren ist die reine Fokussierung auf den nonverbalen Intelligenzbereich, was zur Folge hat, dass die sprachlichen Fertigkeiten der Probanden nicht überprüft werden. Zudem könnten Schüler mit Defiziten in der räumlich-visuellen Vorstellung bei der alleinigen Verwendung solcher Verfahren nie als hochbegabt identifiziert werden. Meines Erachtens ist es nicht zulässig und vor allem nicht sinnvoll, eine Hochbegabung nur auf der Grundlage nonverbaler Diagnostika zu stellen. Es sollte immer eine Kombination aus diesen und sogenannten ***mehrdimensionalen Intelligenztests*** erfolgen.

Nonverbale Intelligenztests sind sehr zeitökonomisch.

Bei den ***mehrdimensionalen*** bzw. ***strukturellen Intelligenztests*** werden mehrere kognitive Bereiche untersucht und erfasst. So werden beispielsweise neben dem logischen Denken auch das visuell-räumliche Vorstellungsvermögen, die verbale sowie die rechnerisch-mathematische Intelligenz abgeprüft. Die theoretischen Konstrukte solcher Verfahren orientieren sich sehr häufig an den mehrdimensionalen Intelligenzmodellen (siehe Kap. *Was ist Hochbegabung nun genau?*). Der Vorteil für die pädagogisch-psychologische Praxis liegt auf der Hand: Neben der Ermittlung eines Gesamt-IQ, der sich über alle Fähigkeitsbereiche erstreckt, kann man mit diesem Verfahren das gesamte kognitive Spektrum einer Person abbilden und somit zielsicher Aussagen über die Stärken, aber auch die Schwächen des kognitiven Profils treffen. Generell gilt es aber zu beachten, dass die meisten auf dem Markt befindlichen Verfahren primär zur Erfassung des IQ-Bereichs von 70 bis 130 konzipiert sind. Die darunter- und darüberliegenden Bereiche werden nicht mehr exakt abgebildet, weil dazu die notwendigen leichten bzw. schweren Aufgaben fehlen. Somit können bei sehr begabten Kindern sogenannte Deckeneffekte bei der Messung entstehen. Das bedeutet, dass die intelligenten Kinder sehr nahe am Maximalwert sind und somit keine Unterscheidung mehr stattfinden kann.

Ein **Deckeneffekt** tritt dann ein, wenn ein Test so leicht zu lösen ist, dass (fast) alle Testpersonen den maximalen Testwert (die Decke!) erreichen.

Dementsprechend muss man darauf achten, dass auch spezielle Testverfahren zur Hochbegabungsdiagnostik Anwendung finden. Solche speziellen Verfahren wären beispielsweise der *Berliner Intelligenzstrukturtest für Hochbegabte* (BIS-HB; Jäger, 2006) oder die *Münchner Hochbegabungstestbatterie* (MHBT; Heller & Perleth, 2007).

Traditionell sind die meisten Intelligenztests Paper-Pencil-Tests (Papier-Bleistift-Verfahren), das heißt, dass die Aufgaben in Form von Papiervorlagen oder Testheften vorliegen und entweder der Proband selbst oder der Testleiter die Antworten mit einem Stift in einem Protokollbogen dokumentiert. Sehr häufig finden auch haptische Aufgabenstellungen, wie beispielsweise Muster mit Würfeln nachzubauen oder Puzzles zu lösen, bei diesen Verfahren Anwendung. Somit können auch in gewisser Weise die motorischen Fertigkeiten gesichtet werden. Der größte Vorteil bei der manuellen Bearbeitung solcher Aufgaben liegt in der Verhaltensbeobachtung des Probanden, was auch für spätere Diagnosen sehr elementar sein kann. Während er beim Test sehr wohl weiß, was getestet wird, und dies unter Umständen eher beeinflussen kann, liefert sein Verhalten unverfälschte Daten, da dieses unbewusst abläuft.

Alternativen zur psychologischen Testdiagnostik

Schulnoten sind das einfachste Instrument, um sich ein Bild über die kognitiven Leistungen eines Kindes zu verschaffen. Der Vorteil bei dieser „Diagnostik" ist, dass Noten bei jedem Schüler in ausreichender Anzahl vorhanden sind und dass der Leistungsverlauf über mehrere Jahre gut abgebildet wird. Sind Noten aber wirklich ein zuverlässiges Instrument beim diagnostischen Prozess von Hochbegabung?
Generell muss man sagen, dass Schulnoten, die über einen längeren Zeitraum berechnet worden sind (Zeugnisnoten versus einzelne Schulaufgabe), sehr aussagekräftig sind und damit auch gewisse Prognosen zu späteren Leistungen ermöglichen. Das Hauptproblem bei Noten ist aber die sogenannte *Bezugsnorm.* Eine Bezugsnorm ist der Maßstab, nach dem Leistungen bewertet werden. So kann man zwischen *individueller* (Lernzuwachs eines Schülers im Vergleich früher – heute), *sachlicher* (Vergleich der Leistungen anhand objektiver Vorgaben) und *sozialer* (Vergleich der Leistungen der Schüler untereinander in der Klasse) Bezugsnorm unterscheiden. Im schulischen Alltag wird häufig die soziale Bezugsnorm angewendet, die sehr fehlerbehaftet ist, da sich viele Lehrkräfte am Durchschnittsniveau der Klasse orientieren und somit eine objektive, sachliche Leistungsbewertung nicht erfolgt. Aus pädagogischer Sicht ist dieses Vorgehen zwar absolut sinnvoll, für die Hochbegabungsidentifikation ist es aber erschwerend.

Schulnoten sind kein zuverlässiges Diagnoseinstrument.

→ Die **soziale Bezugsnorm** ist der häufigste Maßstab bei Leistungsmessungen im schulischen Kontext. Sie orientiert sich vor allem an der Gruppe (sprich der Klasse).

Als Fazit kann man ziehen, dass hochbegabte Kinder in der Regel auch sehr gute Noten in der Schule haben. Aber dennoch tritt immer wieder das Phänomen auf, dass Kinder trotz sehr hoher intellektueller Begabung schlechte Leistungen zeigen, Jahrgangsstufen wiederholen müssen oder sogar komplett im schulischen System scheitern. In diesem Fall spricht man von den sogenannten ***Underachievern* (Minderleister).** Die Ursachen für diese Erscheinung sind mannigfach. So haben beispielsweise individuelle Faktoren einen entscheidenden Einfluss, wie beispielsweise der Selbstwert des Kindes. Aber auch äußere Faktoren, wie Fami-

Underachiever sind Kinder, die deutlich unter ihrem Leistungsniveau bleiben.

lie (häusliche Förderung, Eltern-Kind-Beziehung) oder Schule (mangelnde Förderung seitens der Lehrkraft, Defizite im Bereich Lernen lernen), spielen eine ganz zentrale Rolle bei der Entstehung. Häufig tritt dieses Phänomen zu Beginn der Sekundarstufe I auf. Begabte Kinder müssen sich in der Grundschule in der Regel nicht anstrengen, um gute Leistungen zu erhalten; das Wissen fliegt ihnen buchstäblich zu. Aber spätestens mit dem Wechsel an ein Gymnasium ist dieser Zustand vorbei, weil man hier – auch als begabtes Kind – lernen muss. Klassische Fächer sind Sprachen, wie Englisch, Latein und Französisch, bei denen man für den eigenen Erfolg regelmäßig und kontinuierlich Vokalen wiederholen und sich aneignen muss. Diese „Lernerfahrung" fehlt Hochbegabten aus der Grundschulzeit jedoch häufig. Zudem zeigen sich auch oft Defizite im Bereich der Lerntechniken, weil solche in der Grundschule nie benötigt wurden und somit auch nicht trainiert wurden. Als Folge sinken die Leistungen ab. Ein anderer Grund, der häufig bereits in der Grundschule für Leistungsversagen sorgt, ist der, dass die begabten Kinder im schulischen Kontext unterfordert sind, weil das Aufgabenniveau zu niedrig ist. Folge dieser nicht adäquaten Förderung ist dann Langweile beim Kind bis hin zur späteren Resignation. Von diesem Phänomen sind Jungen doppelt so oft betroffen wie Mädchen. Dieser Erscheinung kann man auf verschiedenste Weise begegnen, indem man beispielsweise die Lernumgebung an die individuellen Bedürfnisse des Kindes anpasst, bereits vorhandene Wissenslücken schließt und selbstwertverbessernde Maßnahmen durchführt (Prölß, 2015; siehe auch Kap. *Förderung in der Schule*).

Hauptursache für Underachievement: Unterforderung

Underachiever zeigen eine deutliche Diskrepanz zwischen ihrer allgemeinen Intelligenz und den erbrachten Schulleistungen.

Neben den bereits erwähnten Diagnostika können auch ***standardisierte Schulleistungstests*** sowie länderspezifische ***Vergleichsarbeiten*** (Abkürzung: VERA) herangezogen werden. Standardisierte Schulleistungstests haben den Vorteil, dass sie sich konkret an den Lehrplänen orientieren und somit einen objektiven Leistungsstand über das geprüfte Fachgebiet, z. B. Mathematik, wiedergeben. Nachteilig ist, dass sie nicht ausreichend bis gar nicht im oberen Leistungsspektrum differenzieren (siehe Deckeneffekt). Die Vergleichsarbeiten bieten dennoch den Vorteil, objektiv Leistungen anhand der sachlichen Bezugsnorm zu erfassen. Von Nachteil ist hier außerdem, dass sie durch die Lehrkräfte selbst durchgeführt werden und somit verfälschte Ergebnisse liefern, wenn die Durchführung nicht bei jeder Lehrkraft gleich erfolgt. Zudem sind solche Vergleichsarbeiten nicht für alle Fächer vorhanden.

Warum testen, und nicht einfach fragen?

Neben der Verwendung von Schulaufgaben, Testbögen und Vergleichsarbeiten kann man auch eine Befragung der Eltern oder der Lehrkräfte durchführen. Das ist ein sehr einfacher Ansatz, der aber mit einigen Fehlern behaftet ist. Solche Einschätzungen mittels Checklisten erfolgen in der Regel durch die Lehrkräfte. Da sich Pädagogen sehr häufig an den Leistungen der Kinder orientieren, liegt die Identifikation hochbegabter Kinder gerade einmal bei ca. 50 %. Elternbefragungen schneiden um einiges besser ab und sind, vor allem im vorschulischen Bereich, ein wichtiges Instrument. Eltern erkennen bereits im zweiten Lebensjahr ihres Kindes die besonderen Begabungen und haben eine Quote von 90 % richtiger Identifikation. Klassische Symptome sind der extreme Wissensdurst und der ausgeprägte Sprachstil des Kindes (siehe Kap. *Kognitiver Bereich*). Bei älteren Kindern sinkt die Identifikationsquote dann aber ebenfalls auf ca. 50 %. Einen Gesamtüberblick über die verschiedenen Diagnostika gibt folgende Tabelle (siehe Tab. 1).

Einschätzungen von Eltern und Lehrkräften sind häufig fehlerbehaftet.

Tab. 1: Übersichtstabelle Testverfahren (vgl. auch Jost, 2005)

	Vorteile	Nachteile
Intelligenzdiagnostik	ökonomisch, valide*, zuverlässig	Deckeneffekte möglich
Spezielle Intelligenzdiagnostik (Hochbegabungsdiagnostik)	ökonomisch, valide, zuverlässig	sehr teuer in der Anschaffung, nur in speziellen Beratungszentren vorhanden
Standardisierte Leistungstests	ökonomisch, valide, zuverlässig	rein spezifisches Fachwissen wird abgeprüft, Deckeneffekte möglich
Noten	leicht und in großer Zahl verfügbar	meist klasseninterne Bezugsnorm, wenig valide
Vergleichsarbeiten	ökonomisch, valide, zuverlässig	rein bereichsspezifisches Wissen, Deckeneffekte möglich
Befragungen der Eltern und Lehrkräfte	schnell und leicht einsetzbar	nicht vorurteilsfrei, wenig zuverlässig, geringe Genauigkeit

*Validität = Grad der Genauigkeit, wie exakt ein Testverfahren das untersuchte Merkmal – in dem Fall die Intelligenz – erfasst.

| Eigenschaften von hochbegabten Kindern und Jugendlichen

Hochbegabte Kinder machen den Alltag in jeder Familie und auch in Schulklassen sehr spannend und abwechslungsreich. Gerade die Persönlichkeitseigenschaften dieser Kinder stellen aber gleichzeitig Eltern und Erzieher vor große Herausforderungen, was diese wiederum sehr oft an ihren eigenen Kompetenzen zweifeln lässt. So suchen sehr viele Eltern eine psychologische Beratungsstelle auf, um sich Ratschläge zum Erziehen zu holen und sind dann am Ende sehr erleichtert, wenn sie erfahren, dass es nicht an ihrer Erziehungskompetenz liegt, sondern ihr Kind „einfach nur hochbegabt" ist. Aber gibt es typische Charaktereigenschaften von hochbegabten Kindern?

Schon vor dem Sprechen fallen diese Kinder im Säuglingsalter auf, da sie ein sehr geringes Schlafbedürfnis zeigen und lieber in ständiger Interaktion mit der Umwelt stehen. Dementsprechend sind längere Aufenthalte in der Wippe oder gar im Bettchen für diese Kinder nicht befriedigend. Sie wollen die Welt wahrnehmen und bereits in jungen Lebensjahren mit neuen Aufgaben bzw. Reizen konfrontiert werden. Ab dem Kindergartenalter, wenn das Kind erfolgreich durch Sprechen mit der Umwelt interagieren kann, sind Auffälligkeiten in folgenden Bereichen zu verzeichnen:

- Kognitiver Bereich
- Sozial-emotionaler Bereich
- Arbeits- und Lernverhalten

Kognitiver Bereich

Eines der offensichtlichsten Merkmale von hochbegabten Kindern ist die Stärke im kognitiven Bereich. Hier sind vor allem ***besondere Sprachfertigkeiten*** zu nennen. Diese Kinder beginnen in der Regel sehr früh mit dem Sprechen und verfügen über einen ungewöhnlich großen aktiven Wortschatz, sprechen stellenweise pausenlos und bilden oft komplexe Satzstrukturen, was für ihr Alter untypisch ist. Aufgrund ihrer verbalen Fertigkeiten sind diese Kinder sehr motiviert, Geschichten vorgelesen zu bekommen und lernen dementsprechend auch oft selbstständig lesen, in der Regel noch vor dem Schuleintritt.

Neben den exzellenten sprachlichen Fähigkeiten verfügen hochbegabte Kinder über eine ***außergewöhnliche Gedächtnisleistung.*** Sie können Wissen buchstäblich wie ein Schwamm aufsaugen. Sie lernen relativ schnell, detailliert und brauchen auch z. B. in Mathematik weniger Übungsphasen als ihre Klassenkameraden. Besonders fallen diese Gedächtnisleistung und das damit einhergehende hohe Detailwissen beim Erzählen von „Gutenachtgeschichten" auf; bei einem vergessenen inhaltlichen Aspekt wird seitens des Kindes sofort interveniert. Vierjährige Kinder, die eine vollständige Fußballnationalmannschaft mit Vor- und Zunamen, Rückennummern, Heimatvereinen usw. aus dem Gedächtnis nennen können, sind ein Beispiel für Hochbegabung.

Der Sprachstil ist bereits in jungen Jahren sehr stark ausgeprägt.

Ein weiteres Charakteristikum ist das ***komplexe Denken,*** das diese Kinder auszeichnet. Sie haben eine sehr schnelle Auffassungsgabe und vernetzen die neuen Inhalte sofort mit bereits bestehendem Wissen. Logische Zusammenhänge werden schnell erkannt und verbalisiert. Ein Beispiel hierfür ist ein fünfjähriges Kind, das im Restaurant anmerkt, wenn eine Frau beiläufig sagt, sie vertrage keine Kuhmilch, dass das Milcheis, welches sie gerade isst, dann nicht erlaubt wäre. Falls doch, warum ihr dabei nicht unwohl werde. Oft gehen mit dem Erkennen von logischen Strukturen auch tiefgründige und abstrakte Fragestellungen einher (Preckel & Vock, 2013; Webb, 2017).

Hochbegabte Kinder zeichnen sich durch einen sehr elaborierten Sprachgebrauch, hohe Gedächtnisleistung und das schnelle Erkennen von logischen Zusammenhängen aus.

Sozial-emotionaler Bereich

Häufig werden hochbegabte Kinder mit einem Einsiedlerkrebs verglichen, der das Alleinsein liebt und sich gerne intensiv mit seinen Themen in einem stillen Kämmerchen beschäftigt. Dem ist aber nicht so. Trotz zahlreicher Belege aus wissenschaftlich fundierten Untersuchungen wie beispielsweise der Marburger Hochbegabtenstudie (Rost, 1993), die eindeutig belegt, dass Hochbegabte im Schulsystem gut

Die meisten Hochbegabten sind keine sozialen Außenseiter.

integriert und sozial unauffällig sind, hält sich diese Annahme des eigenbrötlerischen Einzelgängers hartnäckig. Trotz dieses Belegs, dass hochbegabte Kinder keine sozialen Außenseiter sind, besitzen diese Kinder trotzdem einige Eigenschaften, die das Kooperieren mit ihnen anspruchsvoll macht. Der Hauptgrund hierfür liegt darin, dass hochbegabte Kinder auch im sozio-emotionalen Bereich einen Entwicklungsvorsprung aufzeigen. Das bedeutet, sie beschäftigen sich bereits in jungen Lebensjahren sehr intensiv mit Begriffen wie Recht vs. Unrecht oder Gut vs. Böse, transferieren diese Fragen auf die Praxis und wollen Antworten darauf haben. Sie haben ein starkes Verlangen, die Gründe für ein bestimmtes Verhalten zu erfahren. Das hat oft zur Folge, dass diese Kinder kein Problem haben, sich mit Meinungen von Mehrheiten oder Autoritäten, wie Eltern und Lehrkräften, kritisch auseinanderzusetzen und Thesen bzw. Aussagen ausgiebig zu diskutieren. „Warum?" oder „Wieso?" kommen bei solchen Diskussionen sehr häufig vor und da sie sich nicht zufrieden geben, bis sie eine für sie zufriedenstellende Antwort erhalten haben, kann das die Eltern-Kind-Beziehung belasten. Meinungen werden generell sehr kritischen Prüfungen unterzogen, bevor sie in die eigenen ethischen Schemata (mentale Strukturen, die auf Wissen und Erfahrungen basieren) übernommen werden. Diese Verhaltensweise sorgt in Beziehungen mit Erwachsenen, aber auch mit Gleichaltrigen, für Spannungen; dennoch sind Hochbegabte nicht sozial isoliert. Ihr Freundschaftskonzept zeichnet sich dadurch aus, dass Freundschaften eher mit älteren Kindern, Jugendlichen oder Erwachsenen geschlossen werden. Dies geht mit einer qualitativ hochwertigeren Beziehung einher, da hier beispielsweise Themen diskutiert werden können, was mit Gleichaltrigen nicht möglich ist.

Die Diskussionsfreudigkeit hochbegabter Kinder führt häufig zu Problemen mit Erwachsenen.

→ **Hochbegabte Kinder sind im Schulsystem in der Regel gut integriert und sozial unauffällig.**

Arbeits- und Lernverhalten

Neben den Besonderheiten im Bereich der kognitiven und sozio-emotionalen Fähigkeiten ist noch das Arbeits- und Lernverhalten zu nennen. Hier sticht die ***ausgeprägte Neugierde auf neue Wissensinhalte*** hervor, was vor allem mit permanentem

Fragen einhergeht. Zudem zeigen hochbegabte Kinder längere Aufmerksamkeitsspannen bei Aufgaben, die sie interessieren oder fordern. Sie sind unglaublich bemüht, diese Probleme zu lösen und gehen darin auch vollständig auf. Andererseits treten aber auch bei monotonen und routinierten Aufgabenstellungen schnell Langweile oder Frust auf. Es ist jedoch ein wichtiger pädagogischer Entwicklungsmeilenstein, dass die Kinder auch solche Aufgaben bearbeiten, um zu lernen, dass man im Leben auch Arbeiten erledigen muss, die einem nicht zusagen (siehe Kap. *Umgang mit dem hochbegabten Kind im häuslichen Kontext*). Was vielen begabten Kindern im Weg steht, ist ihr Perfektionismus sowie die Ungeduld mit sich selbst und anderen. Zum einen sind sie es gewohnt, alles auf Anhieb zu begreifen, und dementsprechend fällt es ihnen schwer, zu verstehen, dass es anderen Kindern nicht so leicht fällt. Dieser Mangel an Verständnis führt zu Ungeduld mit anderen. Zum anderen führt das hohe Perfektionismusstreben auch dazu, dass sie mit sich selbst sehr ungeduldig und streng sind. Sie wissen um ihre Begabung und dementsprechend fällt es ihnen schwer zu akzeptieren, wenn Leistungen in einem speziellen Bereich hinter ihren Erwartungen bleiben. Klassische Bereiche sind fein- und grobmotorische Fertigkeiten. Sie haben eine genaue Vorstellung davon, was sie gerade zeichnen, bauen oder tun möchten, es gelingt ihnen aber oft nicht, ihr Wissen in die Realität umzusetzen, was wiederum zu Frustration führt. Diese Diskrepanz zwischen fortgeschrittener kognitiver Entwicklung und physiologischer Entwicklung nennt man asynchrone Entwicklung.

Hochbegabte Kinder müssen lernen, unliebsame und monotone Aufgaben zu Ende zu bringen.

Asynchrone Entwicklung bedeutet, dass bei hochbegabten Kindern die kognitive Entwicklung im Vergleich zur biologischen und psychomotorischen Entwicklung beschleunigt abläuft und infolgedessen eine Diskrepanz entsteht.

| Förderung in Kindergarten und Schule

Auf vielen Podiumsdiskussionen, bei denen es um Bildungspolitik geht, wird der Fokus häufig auf die schwächeren Schüler gelegt, aber auch hochbegabte Kinder benötigen Förderung. Abgesehen davon, dass es ein Grundrecht ist, dass jedes Kind nach seinen individuellen Bedürfnissen und Fähigkeiten gefördert wird, ist es wichtig, der potenziellen Entstehung des Teufelskreises der Lernstörungen „Unterforderung → Langweile → Resignation" entgegenzuwirken.

Welche Möglichkeiten der Förderung von hochbegabten Kindern gibt es? Anfangs muss man die Frage klären, was konkret gefördert werden soll. Es können neben dem kognitiven Bereich auch die Kreativität, soziale Kompetenzen oder die Persönlichkeitsstrukturen geschult werden. Im folgenden Kapitel wird der Fokus auf die intellektuelle Förderung gelegt, weil dieser Bereich der essenziellste im Bereich Schule und Kindergarten ist (Prölß, 2015).

Arten der Begabtenförderung

In pädagogischen Institutionen stehen den Pädagogen verschiedene Methoden zur Verfügung, um begabten Kindern gerecht zu werden. Grundsätzlich muss bei den begabten Kindern der Grundsatz „Förderung durch Fordern" gelten. Dazu wird nun zunächst ein genereller Überblick über die einzelnen Förderrichtungen gegeben, der als Orientierungshilfe dienen soll. Später wird dann in einzelnen Kapiteln genauer auf ausgewählte Maßnahmen eingegangen.

Am Anfang steht die Entscheidung, ob die Hochbegabten regulär in leistungsheterogenen Klassen beschult werden sollen ***(Integration)*** oder doch eher in eigens konzipierten Klassen bzw. Lerngruppen mit homogenem Leistungsprofil ***(Separation)***. Des Weiteren kann man darüber diskutieren, ob es für die kognitive, aber auch für die sozio-emotionale Entwicklung sinnvoll ist, einen schnelleren Durchlauf des Schulsystems z. B. durch Überspringen einer Jahrgangsstufe zu ermöglichen ***(Akzeleration)*** oder ob man nicht die Kinder in ihrer Alterskohorte belässt und den Lernstoff mit Zusatzwissen anreichert ***(Enrichment)***. Der letzte Bereich beinhaltet die punktuelle Veränderung des Curriculums (Lehrplan), sodass eine individuelle Anpassung der Lehrstoffinhalte an das Niveau des Kindes erfolgt (Preckel & Vock, 2013).

Die Form der Gruppenzusammensetzung und die Maßnahmen zur individuellen Anpassung des Lernstoffes bzw. der Lernzeit sind Methoden zur Förderung von begabten Kindern.

Förderung im Kindergarten

Häufig denken viele Eltern, aber auch Erzieherinnen, dass man den drei- bis sechsjährigen Kindern eine unbeschwerte Kindheit ermöglichen sollte, die durch eine anspruchsvolle, frühe kognitive Förderung behindert würde. Diese Einstellung steht aber im Widerspruch zu dem sehr großen Wissensdurst der Hochbegabten. Diese Kinder brauchen schon in frühen Jahren eine spezielle Förderung anstatt gut gemeinter pädagogischer Schonung. Gerade in Kindertagesstätten bieten sich dazu diverse Möglichkeiten, da sie über einen höheren Freiheitsgrad verfügen als beispielsweise die Schulen.
Generell kommt dem Kindergarten hierbei eine besondere Schlüsselrolle zu. Die Erzieherinnen sind in der Regel die ersten „Fremden", die das Kind über einen längeren Zeitraum kennenlernen und es in einer größeren Vergleichsgruppe beobachten können. Leider fehlen vielen Erzieherinnen spezielle Zusatzqualifikationen für den Bereich der Hochbegabung, sodass sie mit ihrem fundierten Wissen über die normale kognitive und sprachliche Entwicklung von Kindern lediglich Abweichungen zuverlässig feststellen können. Über professionelle Fördermöglichkeiten werden sie im Rahmen der Ausbildung häufig nicht aufgeklärt.

Erzieherinnen sind bei der Erstidentifikation von Hochbegabten wichtig.

Allerdings steht man bei der Förderung im Kindergarten vor einem Dilemma, da man der Schule keine Lehrplaninhalte vorwegnehmen kann. Einerseits kann eine Erzieherin nicht einfach den Kindern das Lesen und Schreiben systematisch mithilfe von Fibeln beibringen. Andererseits kennen die begabten Kinder nach drei Jahren oder länger in der Einrichtung am Ende alle Spiele, Puzzles o. Ä. und somit tritt ein gewisser Sättigungseffekt ein. Besonders viele Probleme, wie Unlust in den Kindergarten zu gehen, Appetitverlust usw., treten gerade zum Ende der Kindergartenzeit auf, wenn die älteren begabten Kinder in der Vorschule oder in der Schule sind, weil ihnen die älteren Spielkameraden fehlen. Als Ausgleich wird daher häufig der Kontakt zu den Erzieherinnen gesucht.

→ **Wichtig für Eltern und Pädagogen:** Wenn ein Kind bereits im Kindergartenalter von sich aus Lesen, Schreiben oder Rechnen lernen möchte, sollte man es daran nicht hindern.

Als ***Akzelerationsmaßnahme im Kindergartenalter*** hat sich der möglichst frühe bzw. generell der Eintritt des Kindes in den Kindergarten bewährt. Durch den Besuch einer pädagogischen Einrichtung wird eine anregende Lernumwelt geschaffen, die in den eigenen vier Wänden so nicht möglich ist. Zudem sind bisweilen altersgemischte Gruppen, z. B. auch mit Hortkindern und bei räumlicher Nähe sogar mit Schülern der 1. Klasse möglich. Viele Bundesländer bieten auch die vorzeitige Einschulung an. Dann kann ein Kind bereits mit fünf anstatt mit sechs Jahren in die Schule gehen. Vorteilhaft ist bei dieser Maßnahme, dass sie leistungsstarke Kinder davor bewahrt, sich im letzten Kindergartenjahr oder zu Beginn der Schule zu langweilen. Außerdem kann sie dem Kind das mögliche spätere Überspringen einer Jahrgangsstufe (siehe Kap. *Förderung in der Schule*) ersparen.

→ Die vorzeitige Einschulung ist eine sehr geeignete Methode, um der Langweile des Kindes im Kindergarten und der (Schul-)Unlust zu Beginn des Schullebens vorzubeugen.

Generell sollte man aber darauf achten, dass das Kind keine eklatanten Defizite im Bereich des Sozialverhaltens, der Feinmotorik sowie in der Leistungsbereitschaft hat. Auch die Einstellung bzw. die Haltung der aufnehmenden Lehrkraft sollte im Vorfeld überprüft werden. Sonst könnte es geschehen, dass das Kind trotz guter kognitiver Voraussetzungen mit dem Tempo der ersten Klasse nicht mithalten kann, und damit unnötig negative Erfahrungen macht.

Für Maßnahmen im Sinne des ***Enrichments*** bietet sich im Kindergarten ein vielfältiges Spektrum. Hierzu können Schwerpunkte in den Bereichen Sprache, gestaltende und darstellende Künste, Musik, Kultur, Mathematik oder Sport gewählt werden. Generell ist es immer sinnvoll, die begabten Kinder in die Planungen einzubeziehen, um die bestmögliche individuelle Förderung zu gewährleisten. Zudem haben sich folgende Maßnahmen besonders bewährt: Projektarbeit (z. B. Theaterprojekt: Erstellung eines Bühnenbildes, Konzeption des Drehbuchs usw.) und Philosophieren mit Kindern. Es können auch spezielle Materialien zum Knobeln und Denken verwendet werden (z. B. LÜK-Kästen®, LOGICCO® und Montessorimaterial®). Auch Wort- und Sprachspiele, wie z. B. Wörter mit gleichen Anfangsbuchstaben zu suchen, treffen bei diesen Kindern immer auf viel Begeisterung. Zuletzt kann auch ein Mentorenprogramm im Kindergarten etabliert werden, bei dem die leistungsstärkeren Kinder die schwächeren unterstützen. Diese Methode der „sozialen Förderung" ist aber mit Vorsicht anzuwenden: Sie allein reicht für hochbegabte Kinder auf Dauer nicht aus, da hier die Gefahr besteht, dass das leistungsstärkere Kind in die Rolle eines „Hilfslehrers" abgleitet und damit eigentlich keine direkte kognitive Förderung des hochbegabten Kindes mehr besteht.

Neben der einfach durchzuführenden sozialen Förderung darf aber eine zusätzliche, sicherlich zeitaufwendigere, kognitive Anreicherung auf Dauer nicht fehlen.

Förderung in der Schule

Im Schulsystem werden wie im Kindergarten – unabhängig vom Bundesland – die drei Methoden der Förderung angewendet: Akzeleration, Enrichment und Mentoring.

Zur ***Akzeleration*** zählen alle Maßnahmen, die zu einem schnelleren Durchlaufen der Schulzeit führen und somit die Schullaufbahn verkürzen, z. B. vorzeitige Einschulung, flexible Eingangsphase (d. h. der Schulbesuch der ersten zwei Schuljahre in einem Jahr), Überspringen von Klassen, Teilunterricht in höheren Klassen („Drehtürmodell"). Neben der vorzeitigen Einschulung (siehe Kap. *Förderung im Kindergarten*) ist das Überspringen eine sehr häufig angewendete Maßnahme im Schulsystem. Hierzu wird ein Schüler in der Regel zum Anfang des neuen Schuljahrs in die nächsthöhere Jahrgangsstufe versetzt. Trotz hoher Skepsis seitens vieler Eltern und stellenweise auch seitens der Lehrkräfte ist das Überspringen nach aktuellem Forschungsstand die effektivste und schnellste Maßnahme, um ein gelangweiltes hochbegabtes Kind im Schulsystem zu fördern. Aber für das „Springen" müssen

Das Überspringen einer Klasse ist eine sehr bewährte Fördermethode.

gewisse Voraussetzungen gegeben sein: eine überdurchschnittliche Begabung des Kindes und diese möglichst in allen Fächern, breit gefächerte schulische Interessen, die Fähigkeit zum selbstständigen Lernen, eine positive Einstellung der aufnehmenden Lehrkraft und Klasse und der m. E. wichtigste Punkt – das Kind muss es selbst wollen. Dieser Wille ist sicherlich dann vorhanden, wenn die aufnehmende Klasse dem Kind wohlwollend gesonnen ist. Daher sollte man das Sozialgefüge der neuen mit der alten Klasse vergleichen, um potenziellen Problemen wie sozialer Ausgrenzung vorzubeugen. Bevor man eine solche Entscheidung trifft, empfiehlt es sich, sich Rat bei einem Experten – im Schulsystem ist das der schulpsychologische Dienst (siehe Kap. *Unterstützungssysteme für Kinder und Eltern*) – zu holen.

→ **Damit schulische Akzelerationsmaßnahmen erfolgreich sind, müssen folgende Voraussetzungen gegeben sein: hohes Intelligenzniveau, Interesse an schulischen Inhalten, Selbstständigkeit beim Lernen, das Interesse des Kindes an dieser Maßnahme und eine geeignete Klasse.**

Neben der Beschleunigung kann man auch den Lernstoff mit mehr und vor allem anspruchsvolleren Inhalten anreichern ***(Enrichment)***. Dabei kann zwischen vertikalen und horizontalen Maßnahmen unterschieden werden. ***Vertikales Enrichment*** bedeutet, Lerninhalte, die spezielle Themen oder Fächer des Lehrplans vertiefen, zu etablieren. Dazu bieten mittlerweile viele Verlage zusätzliche Arbeitshefte, wie beispielsweise das Forderheft® des Westermann Verlags, an, bei denen die curricularen Lerninhalte in anspruchsvollerer Form dargeboten werden. Neben dem Einsatz spezieller Lernmaterialien können auch anspruchsvollere Arbeitsaufträge gestellt werden. So haben sich im Fach Deutsch Methoden aus dem Bereich des kreativen Schreibens sehr bewährt. Hochbegabte Erstklässler können beispielsweise aus ihrem Namen ein Akrostichon bilden (z. B. LEA-MARIE = Lustig, Emsig, Anspruchsvoll, Mutig, Abenteuerlustig, Romantisch, Intelligent, Ehrgeizig). Hierzu kann der Arbeitsauftrag individuell an das Leistungsniveau des Kindes angepasst werden, wie zum Beispiel nur die Verwendung von Adjektiven, Substantiven, dreibuchstabigen Wörtern usw. zu erlauben. Anschließend kann mit den Wörtern beispielsweise eine Erlebniserzählung oder eine Kurzgeschichte verfasst werden. Ältere Kinder können Erzählungen fortführen, einen inneren Monolog zu einer Figur verfassen oder einen

Verlage bieten häufig spezielle Arbeitshefte an.

Text in eine andere Gattung übertragen (z. B. Gedicht in ein Drama verwandeln). Diese Methode ist auch in allen Fremdsprachen möglich. Im Bereich der Mathematik haben sich vor allem offene Fragestellungen (z. B.: „Bilde aus den Zahlen 5 und 6 möglichst viele verschiedene Rechenaufgaben!") oder kombinatorische Aufgabenstellungen wie: „Auf einem Sportfest spielen fünf Mannschaften gegeneinander. Jede Mannschaft spielt gegen jede andere. Wie viele Spiele muss der Schiedsrichter pfeifen?" bewährt. Diese Formate können bereits in der 1. Jahrgangsstufe angewendet werden. Es gibt auch viele kostenlose Programme, die im Internet frei zugänglich sind und somit im Unterricht oder in Freistunden angewendet werden können (Prölß, 2019; siehe auch Kap. *Weiterführende Informationen*).

Vertikales Enrichment bedeutet, im Unterricht zusätzliche Lerninhalte anzubieten, die Themen des Lehrplans vertiefen. Das Wissen geht also in die Tiefe (↓).

Eine Alternative bzw. Ergänzung stellt das ***horizontale Enrichment*** dar. Hier werden Lerninhalte, die im regulären Lehrplan nicht vorgesehen sind, gelehrt und angeboten. Dies kann vor allem durch den Einsatz von speziellen Arbeitsgemeinschaften (AG) erfolgen. Bewährte Themen für solche Kurse sind vor allem Schach oder auch Lego Electronics®, womit die Kinder Gebilde und Fahrzeuge konstruieren und anschließend Bewegungsabläufe selbst programmieren können.

Landes- und Bundeswettbewerbe sind ideal, um sich mit anderen Begabten zu messen.

Alternativ zu solchen Kursen können begabte Schüler auch an ***Länder-*** und ***Bundeswettbewerben*** teilnehmen. Neben den bekannten Wettbewerben wie „Jugend forscht" und „Jugend musiziert" gibt es auch fachspezifische Wettkämpfe wie „Känguru der Mathematik" oder das „Certamen Ciceronianum Arpinas" (Latein). Parallel zum regulären Unterricht können begabte Kinder und interessierte Schüler auch an Veranstaltungen von Universitäten teilnehmen. Die Palette reicht von speziellen Studientagen, Vorlesungen, „Kinderuni", Tage der offenen Tür bis hin zur probeweisen Einschreibung in spezielle Studiengänge. Es lohnt sich, an den Universitäten bei der zuständigen Stelle für Schulkontakte nachzufragen. Es besteht auch die Möglichkeit, in der Schulzeit bei hervorragenden Leistungen ein Stipendium durch eine Stiftung zu erhalten und damit bereits an speziellen Förderprogrammen teilzunehmen. Eine Übersicht zu Wettbewerben und Stipendien für Schüler finden Sie im Kap. *Weiterführende Informationen.*

Horizontales Enrichment bedeutet, Lerninhalte anzubieten, die im regulären Lehrplan nicht vorgesehen sind. Das Wissen geht also in die Breite (⟷).

Nachteilig ist bei dieser Methode, dass sie in der Regel mit einem erhöhten zeitlichen Bedarf, beispielsweise bei der Vorbereitung des Unterrichts, einhergeht. Zusätzlich ist Folgendes zu beachten: Je begabter ein Kind ist, desto weniger reicht das Enrichment als alleinige Fördermaßnahme aus (Prölß, 2019).

Immer mehr Schulen bieten Mentoring an.

Mentoring bedeutet, dem betroffenen Schüler einen Ansprechpartner in der Regel aus dem Kollegium der Schule zu vermitteln, der ihn eine bestimmte Zeit oder über die gesamte Schuldauer begleitet und ihn über Zusatzangebote informiert sowie notwendige Verbindungen, z. B. zu Förderstellen oder Institutionen, herstellt. Der Mentor sollte sowohl im Hinblick auf seine Unterrichtsfächer als auch in Bezug auf das Themengebiet „Hochbegabung und Persönlichkeitsentwicklung" fachlich besonders kompetent sein. Zudem ist die Beziehung zwischen Mentor und Mentee sehr wichtig für das Gelingen einer Förderung. Zahlreiche Untersuchungen, vor allem aus den USA, bescheinigen Mentorenprogrammen eine hohe Wirksamkeit. Dementsprechend muss Mentoring in Hinblick auf die Wirksamkeit von Fördermaßnahmen noch vor Enrichment und Akzeleration eingeordnet werden (Stöger et al., 2009). Es gibt auch E-Mentoring-Programme, bei denen sich beispielsweise begabte Mädchen, die an naturwissenschaftlichen Fächern besonders interessiert sind, von einer „Cyber-Mentorin" coachen lassen können (www.cybermentor.de).

Mentoring bedeutet, Schülerinnen oder Schüler durch einen in seinem Unterrichtsfach und darüber hinaus kompetenten Mentor über einen längeren Zeitraum zu begleiten.

Einen Überblick über die aktuellen Fördermöglichkeiten im schulischen System gruppiert nach Akzeleration, Enrichment und Mentoring bietet die nachfolgende Tabelle (siehe Tab. 2).

Tab. 2: Übersichtstabelle über Hochbegabtenförderungsmaßnahmen im Schulsystem

	Akzeleration (beschleunigtes Lernen)	Enrichment (angereichertes Lernen)	Mentoring (begleitendes Lernen)
Fokus	Zeit ↓ Schneller	Inhalte ↓ Mehr	Beziehung und Entwicklung ↓ Miteinander
Beispiele	▪ Vorzeitige Einschulung ▪ Überspringen ▪ Hospitation in höheren Klassen ▪ Studieren auf Probe	▪ Vertiefung des Unterrichtsstoffes ▪ Erweiterung des Unterrichtsstoffes ▪ Arbeitsgemein-schaften ▪ Wettbewerbe	▪ Betreuung durch erfahrene Lehrkräfte ▪ Externe Berater

Integration versus Separation

Viele Eltern fragen sich, welche Schule bzw. welche Schulform für ihr hochbegabtes Kind geeignet ist. Generell haben Eltern bei den weiterführenden Schulen – bei den Grundschulen ist es etwas komplizierter – freie Schulwahl. Von daher ist es durchaus sinnvoll, sich die infrage kommenden Schulen sowie die Förderangebote genauer anzusehen. Allgemein kann man zwischen zwei Möglichkeiten entscheiden: ***Integration*** des hochbegabten Kindes in den regulären Klassenverband versus ***Separation*** in eine eigene leistungshomogenere Klasse. Generell empfiehlt es sich, vor so einer Entscheidung Kontakt mit der Lehrkraft oder sogar mit dem zuständigen Schulpsychologen aufzunehmen, um den bestmöglichen und vor allem auch idealen Förderort zu finden.

Integration in eine reguläre Klasse

Die Methode der ***Integration*** von begabten Kindern in regulären Klassen ist die Regel. Das ist zum einen der bequemste Ansatz für die Eltern und das Kind, weil hier die örtlichen Angebote, z. B. das hiesige Gymnasium, in Anspruch genommen werden können. Die Kinder können mit ihren Freunden aus der Grundschule oder der Nachbarschaft zusammenbleiben. Das Problem ist, dass in solchen Klassen eine enorme Fähigkeits- und vor allem Leistungsstreuung vorliegt. Abhängig von mehreren Faktoren (Ausbildungsrichtung, Übertrittsquote, Schulprofil) kann in bestimmten Fällen das Gymnasium für hochbegabte Kinder mittlerweile aber nicht mehr ausreichen. Dies ist heutzutage vor allem in Städten schon der Fall, in denen die Übertrittsquoten stellenweise 50 % betragen (ISB, 2019). Man kann davon ausgehen, dass sich diese Problematik in den nächsten Jahren noch verschärfen wird, da der Drang nach höheren Bildungsabschlüssen weiter zunehmen wird.

Der alleinige Besuch eines Gymnasiums kann unter Umständen mittlerweile für die Begabtenförderung nicht mehr ausreichen.

Bei der Integration geht es nicht ohne Differenzierung (Enrichment) seitens der Lehrkräfte (siehe Kap. *Förderung in der Schule*). Diese Differenzierung sollte jedoch nicht ständig so ausfallen, dass der hochbegabte Schüler eigene Aufgaben alleine löst. Laut Forschungsergebnissen profitieren die begabten Kinder nämlich besonders von kooperativen Lernformen (Partner- oder Gruppenarbeit) mit den anderen Schülern, bei denen sie kreative Frageformate bearbeiten. Dabei sollten die Lehrkräfte darauf achten, dass die hochbegabten Kinder nicht in die „Hilfslehrerrolle" gedrängt werden, sondern ihnen allgemein mehr Verantwortung übertragen wird, wie beispielsweise in Form der Erstellung und Vorstellung eines Kurzreferates zu dem bearbeiteten Thema (Preckel & Vock, 2013).

Eltern können bei der Wahl des Gymnasiums auch auf die fachliche Ausrichtung, das Schulprofil und das Wahlangebot achten und es den Neigungen ihres Kindes entsprechend auswählen. So ergänzen manche Gymnasien ihr reguläres Angebot an Sprachen (Englisch, Latein, Französisch, Spanisch, Italienisch, Altgriechisch) mit exotischen Wahlfächern wie Chinesisch oder Japanisch. Andere wiederum setzen den Fokus auf zahlreiche Ergänzungsangebote im naturwissenschaftlichen (Technik-AG, Jugend forscht) oder im musischen Bereich.

Integration bedeutet, hochbegabte Kinder gemeinsam mit normal begabten Kindern zu beschulen. Dies kann nur erfolgreich gelingen, wenn eine geeignete Fachrichtung des Gymnasiums gewählt wird sowie alle didaktisch-methodischen Maßnahmen seitens der Lehrkräfte ergriffen werden.

Eine weitere Möglichkeit besteht darin, hochbegabte Kinder in eigenen, separaten Klassen oder sogar Schulen zu unterrichten ***(Separation)***.
Dies scheint vielleicht zunächst im Widerspruch zu den aktuellen bildungspolitischen Bestrebungen zu stehen, die Förderzentren aufzulösen, um Kindern mit sonderpädagogischem Förderbedarf die Teilhabe am Regelschulsystem zu ermöglichen. Die Öffnung der Regelschulen für alle soll deshalb erfolgen, um der Stigmatisierung förderbedürftiger Kinder und damit der nachhaltigen Beeinträchtigung z. B. in Form von schlechteren Aussichten auf Ausbildungsplätze vorzubeugen (Wocken, 2007). Bei hochbegabten Kindern greift das Argument der schlechteren Bildungschancen nicht, da sie auch in eigenen Hochbegabtenklassen das Abitur erreichen. Unter Umständen fühlen sie sich unter „ihresgleichen" sogar weniger stigmatisiert als in der regulären Klasse. Diese Annahme wurde auch in mehreren repräsentativen Studien aus der Neidforschung belegt. Die Ergebnisse zeigten, dass sich hochbegabte Kinder am meisten davor

Der ursprüngliche Inklusionsgedanke trifft bei der Hochbegabtenförderung nicht zu.

fürchten, von weniger begabten Kindern negativ wahrgenommen zu werden, z. B. als Streber bezeichnet zu werden oder Neid der anderen und somit soziale Ausgrenzung zu erfahren. Ebenfalls fürchten sie sich auch vor Negativbeurteilungen zum Beispiel durch überzogenen Erwartungsdruck seitens der Lehrkräfte (Haubl, 2014). All diese Überlegungen müssen aber immer im konkreten Fall geprüft werden.

Der große Vorteil der Separation liegt in der möglichst leichten Erhöhung des Unterrichtsniveaus sowie des -tempos, um dem Wissensdurst und dem logisch-analytischen Denken dieser Schüler gerecht zu werden. Kritisch zu beachten ist, dass generell auch in vermeintlich leistungshomogenen Klassen – abhängig von der Art der Auswahl der Schüler für eine sogenannte „Hochbegabtenklasse" – eine extreme Streuung der intellektuellen Fähigkeiten sowie der Einzelinteressen vorherrschen kann. Dennoch zeichnen sich bei den aktuellen Forschungsergebnissen sehr positive Anzeichen zugunsten der Hochbegabtenklasse ab. Nicht nur auf der intellektuellen Ebene, sondern auch im sozio-emotionalen Bereich schneiden diese besonderen Fördereinrichtungen besser ab als die Regelklassen. Hochbegabte Schüler fühlen sich in leistungshomogenen Klassen mehr akzeptiert und haben zudem eine bessere Einstellung gegenüber den Lehrkräften und der Schule sowie gegenüber dem Lernen an sich (Preckel & Vock, 2013). Dennoch gibt es auch Nachteile. Häufig sind längere Fahrzeiten zu absolvieren bzw. ist eine Internatsunterbringung unumgänglich.

Hochbegabtenklassen sind sehr förderlich für die intellektuelle sowie die sozioemotionale Entwicklung.

Im Zusammenhang mit der Entscheidung für eine Hochbegabtenklasse sollte man noch den sogenannten ***„Big-Fish-Little-Pond-Effect"*** (Köller, 2004) beachten. Besucht der Schüler im Grundschulalter eine reguläre Klasse, ist er es seit der Einschulung gewohnt, dass ihm zum einen das neue Wissen zufliegt und zum anderen, dass er in der Regel jede Frage beantworten kann und somit durch seine Leistung glänzt („big fish in a little pond", alias „Großer Fisch in einem kleinen Teich"). In der neuen Klassenkonstellation mit mehreren sehr leistungsstarken Schülern kann es nun aber geschehen, dass dieser besagte Schüler nicht mehr zu der Leistungselite gehört, sondern „nur" zum Mittelfeld oder sich gar im unteren Bereich befindet. Sein Leistungsniveau ist immer noch höher als das anderer Schüler eines regulären Gymnasiums, aber diese Erfahrung, nicht immer der Beste zu sein, kennt er nicht. Das kann sich negativ auf das Selbstwertgefühl, das Selbstvertrauen sowie auf das Fähigkeitsselbstkonzept

(d. h. die subjektive Bewertung der eigenen Leistungsfähigkeit) auswirken. Für solche Situationen ist es zu empfehlen, sich im Vorfeld Rat bei der aufnehmenden Schule oder beim schulpsychologischen Dienst zu holen.

Fazit: **Generell sprechen die Befunde zugunsten der Hochbegabtenklassen, insbesondere in den Bereichen der intellektuellen Fähigkeiten sowie des sozio-emotionalen Bereichs, wenn diese den Akzelerationsansatz umsetzen. Das eventuell auftretende Problem eines veränderten sozialen Vergleichsprozesses in der neuen Klassenkonstellation mit den Auswirkungen auf das Selbstbild des Schülers muss aber berücksichtigt werden.**

Umgang mit dem hochbegabten Kind im häuslichen Kontext

Generell kann man für den Umgang zu Hause den Ratschlag geben, nicht in blinden Förderwahn zu verfallen, bei dem die Terminpläne der Kinder so manchen Topmanager erblassen lassen. Die Förderung soll Spaß machen, nicht Leistungsdruck und Stress verursachen.

→ **Förderung sollte immer dazu dienen, die Lernfreude eines hochbegabten Kindes zu bedienen und nicht zu einem lästigen Pflichtprogramm werden.**

Eine Etikettierung gilt es auf jeden Fall zu vermeiden.

Zudem hat es sich bewährt, den Begriff „Hochbegabung" bei Gesprächen mit dem Kind zu vermeiden. Es ist sinnvoll, Aussagen wie: „Du bist sehr clever." oder: „Du bist ein guter Schüler." zu verwenden, um einem Etikettierungseffekt vorzubeugen: Sobald nämlich der Begriff der Hochbegabung fällt, kann es zur Entstehung von besonderen Erwartungen seitens der Eltern bzw. Lehrkräfte kommen, z. B. dass das Kind nur noch sehr gute Leistungen in den Klausuren haben darf, da „es ja schließlich hochbegabt ist". Aber auch beim Kind selbst kann es zu (Verhaltens-) Änderungen kommen, indem sich das Kind nur noch auf die intellektuelle Begabung verlässt und glaubt, nicht mehr lernen oder sich gar nicht anstrengen zu müssen, was im späteren schulischen und beruflichen Werdegang katastrophale Folgen haben wird (siehe Kap. *Eigenschaften von hochbegabten Kindern und Jugendlichen*). Zudem sollten die Eltern darauf achten, dass man neben der kognitiven Förderung auch die sozio-emotionalen Kompetenzen im Blick hat. Um das Kind nicht nur auf seine kognitiven Fähigkeiten zu reduzieren und um eine Verinselung zu vermeiden, sollte der normale Umgang mit Gleichaltrigen ebenso zum Alltag gehören wie intellektuell fordernde Gespräche mit älteren Kindern oder Erwachsenen. Dies kann am besten erfolgen, wenn das Kind einem Teamsport im Verein nachgeht. Ebenfalls ist es günstig, das Kind beim Erleben von Misserfolgen zu unterstützen. Gerade hochbegabte Kinder und Jugendliche sind es gewohnt, dass ihnen das meiste, besonders bei kognitiven Aufgabenstellungen, leicht von der Hand geht. Aus diesem

Grund ist es wichtig, dass die Kinder auch in jungen Jahren erleben, dass man sich für das ein oder andere doch anstrengen muss oder eine Aufgabe auch nicht bewältigt werden kann.

Auch Hochbegabte brauchen Misserfolgserlebnisse.

Wenn man das Kind zu Hause kognitiv fördern möchte, sollte man als Eltern auf eine enge Kooperation zwischen Elternhaus und Schule achten, damit sich die geförderten Bereiche nicht überschneiden, sondern idealerweise ergänzen. Zur außerschulischen Förderung stehen mehrere Möglichkeiten zur Verfügung. Neben dem Besuch von Kursen an Musik- und Volkshochschulen können auch Veranstaltungen einer „Kinderuni" oder besondere Ferienkurse von privaten Initiativen oder einschlägigen Vereinen, wie beispielsweise von der Deutschen Gesellschaft für das hochbegabte Kind e. V. (DGhK), besucht werden. Besonders beliebt bei Jugendlichen sowie auch bei Eltern sind die zweiwöchigen Ferienveranstaltungen der Deutschen Schülerakademie. Hier können die Schüler an Kursen zu verschiedensten Themenbereichen wie MINT, Politik, Gesellschaft, Kunst usw. teilnehmen. Weitere Informationen können unter folgendem Link eingesehen werden (www.deutsche-schuelerakademie.de).

Ein abschließender Gedanke: Das hochbegabte Kind soll nach wie vor Kind sein dürfen – mit all seinen Wünschen, Bedürfnissen, Stärken, aber auch Schwächen.
Wenn das hochbegabte Kind nicht nach Förderung verlangt, sollte man es bei ausreichenden schulischen Leistungen nicht gegen seinen Willen fördern, selbst wenn man als Erwachsener z. B. ein Steigerungspotenzial bei den Noten erkennt.

Neben der Förderung ist für den Umgang mit dem hochbegabten Kind im häuslichen Kontext auch das Familiengefüge zu beachten. Generell ist zu sagen, dass viele der folgenden Aussagen auch auf alle Einzelkind- bzw. Geschwisterkonstellationen zutreffen. Hochbegabte Kinder sind bei Konflikten aber u. U. aufgrund ihrer kognitiven Begabung weniger nachgiebig und diskussionsfreudiger als normal begabte Kinder (siehe Kap. *Sozial-emotionaler Bereich*).

Hochbegabte Einzelkinder sind gute Führungspersönlichkeiten.

Es ist ein entscheidender Unterschied, ob das hochbegabte Kind ein Einzelkind ist oder ob noch weitere Geschwister im Haushalt leben. Einzelkinder zeichnen sich im Allgemeinen dadurch aus, dass sie recht selbstständig sind, sich häufig an den Erwachsenen orientieren (müssen) und daher auch häufig die Initiative ergreifen, um sich selbst zu beschäftigen. Da auch keine Geschwister Anforderungen stellen, sind die Hochbegabten, wie jedes Einzelkind, nicht gezwungen, sich an Bedürfnisse anderer Kinder anzupassen (sogenannte „Nonkonformisten"). Trotzdem sind hochbegabte Kinder sehr selbstgenügsam, was ihre Interessen betrifft, sie beschäftigen sich durchaus auch länger mit sich selbst, als nach Interaktion mit anderen zu verlangen (Webb, 2017).

Sind beide Elternteile in einem Haushalt und beide an der Erziehung beteiligt, ist die Betreuung eines hochbegabten Kindes im Vergleich zur Betreuung mehrerer Kinder relativ einfach, da das hochbegabte Kind per se viel Aufmerksamkeit bekommt. Da die Eltern den Fokus nur auf ein Kind richten müssen, ist es für sie leichter, das Kind nach seinen individuellen Bedürfnissen und Interessen zu fördern oder Angebote zu organisieren, wie z. B. die Teilnahme an speziellen Kursen zu gewährleisten usw. Auch der kommunikative Austausch sowie die Interaktionen mit dem Kind laufen auf einer höheren Ebene ab. Das erklärt beispielsweise auch, warum viele berühmte Persönlichkeiten Erstgeborene oder Einzelkinder waren (Rimm, 2007).

Wenn Eltern ihr hochbegabtes Kind aufgrund dessen hoher kognitiver Leistung wie einen Erwachsenen behandeln, indem sie es bei allen Entscheidungen einbeziehen bzw. Entscheidungen von ihm absegnen lassen, besteht das Risiko, dass das Kind sehr viel Einfluss im Alltag der Familie gewinnt, was bei einem späteren Geschwisterkind zu erheblichen Problemen führen kann, wenn die Aufmerksamkeit der Eltern nicht mehr allein auf das hochbegabte Kind fokussiert ist und dieses Kind sich in seiner „Führungsrolle" gefährdet sieht.

Die Geschwisterreihenfolge hat einen Einfluss auf das soziale Klima in der Familie.

Das Verhältnis zwischen Geschwistern wird seitens der Eltern in der Beratung sehr unterschiedlich beschrieben. So gibt es Konstellationen, die von massiven Spannungen der Kinder untereinander geprägt sind, während andere Geschwisterbeziehungen von Eltern als hoch erfreulich, wertschätzend und kollegial geschildert werden.

Die Gründe, warum es zu Rivalitäten unter den Geschwistern kommt, sind vielfältig. In der Regel ist es den Kindern selbst nicht bewusst, warum sie sich so verhalten, aber eine der Hauptursachen ist häufig die subjektiv empfundene geringere Anerkennung. Wenn Kinder das Gefühl haben, für das, was sie tun (Hochbegabte sind da sehr sensibel!), keine Wertschätzung zu erfahren oder dass ein anderes Kind bevorzugt wird (siehe Kap. *Sozial-emotionaler Bereich*), kann es schnell zu Auseinandersetzungen kommen. Daher ist auf eine ausgewogene Anerkennung der Leistungen aller Kinder durch die Eltern zu achten.
Auch die Geschwisterreihenfolge kann einen Einfluss auf Streitigkeiten zwischen Geschwistern haben. So gelten Erstgeborene als leistungsorientierter und zielstrebiger. Die „Nesthäkchen“ sind in der Regel sehr geübt darin, viel Aufmerksamkeit auf sich zu ziehen und von allen umsorgt zu werden. Die „Mittelkinder“ fühlen sich häufig vernachlässigt und „eingezwängt“, sind aber diejenigen Kinder, die am besten mit anderen Menschen zurechtkommen (Leman, 2004). Je nachdem, welche Rolle das hochbegabte Kind einnimmt, kann es zu Auseinandersetzungen kommen.
Sind bereits Probleme und Konkurrenzdenken unter den Geschwistern vorhanden, sei auf die folgenden Grundsätze verwiesen. Sie gelten nicht nur für hochbegabte Kinder (weitere Anregungen finden Sie auch im Buch „Hochbegabte Kinder“; Webb, 2017).

Abb. 4: Geschwisterrivalitäten – was es zu beachten gilt

Keine Vergleiche. Viele Erwachsene vergleichen ihre Kinder untereinander, vor allem was die kognitiven Leistungen und das Arbeitsverhalten betrifft. Dies hat aber fast immer negative Auswirkungen, weil dadurch eine unterschwellige Beurteilung der Persönlichkeit des Kindes stattfindet. Bei exzessivem Gebrauch kann dies zu Unsicherheiten sowie zu Selbstwertproblemen führen.

Reine Beschreibung. Daher ist es immer besser, das Problemverhalten zu beschreiben, anstatt einen Vergleich mit dem Verhalten eines Geschwisterkindes anzustellen. Beschreiben Sie, was Sie sehen, wie Sie es wahrnehmen und was Sie dabei empfinden. Die Verwendung von „Ich-Botschaften" hat sich bei dieser Form der Kommunikation sehr bewährt.

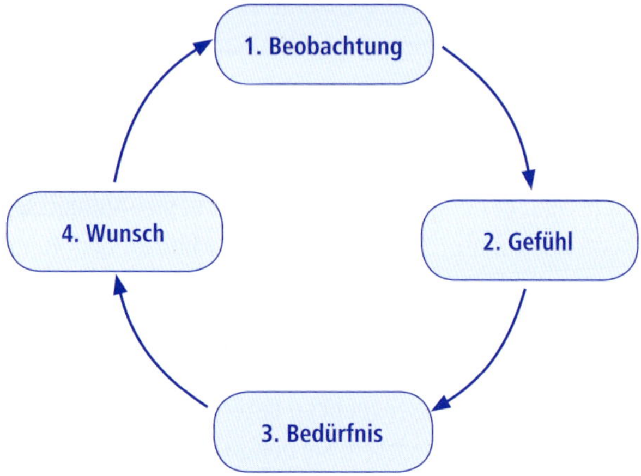

Abb. 5: Formulierung von Ich-Botschaften

So eine Kommunikation kann wie folgt aussehen: „Ich sehe, dass du schon wieder mit deinem Handy spielst, anstatt mir zuzuhören." *(Beobachtung)*. „Das verärgert mich, weil ich das Gefühl habe, dass du mir nicht zuhörst." *(Gefühl)*. „Ich möchte dir etwas Wichtiges sagen *(Bedürfnis)* und würde mich jetzt freuen, wenn du dein Handy weglegst." *(Wunsch)*.

Keine Einmischung. Generell ist es bei kleineren Streitigkeiten unter Geschwistern, bei denen man davon ausgehen kann, dass sie ohne größere Eskalation von den Kindern selbst gelöst werden können, immer günstig, sich nicht einzumischen und Partei zu ergreifen. Gerade hochbegabte Kinder sind sehr geschickt und geübt darin, zu ihren Gunsten zu argumentieren. Es ist günstiger, bei gravierenden Auseinandersetzungen die Konsequenzen für das Verhalten aufzuzeigen bzw. die Kinder zu ermuntern, selbst Lösungen zu finden, als einen Schuldigen auszumachen.

Sollte eine Einmischung erforderlich sein, muss man sich bewusst sein, dass man bei dieser Konfliktlösung eine Vorbildfunktion hat, die für die Kinder richtungsweisend ist.

Klare Grenzen. Es ist aber auch wichtig, gerade bei hochbegabten Kindern, dass Eltern gewisse Verhaltensweisen nicht tolerieren. Dazu zählen beispielsweise schlagen, treten, würgen, heimlich Streiche spielen usw. Das sind natürlich universelle Regeln, die es aber zu beachten und bei einer Nichteinhaltung auch zu sanktionieren gilt. Diskussionen mit dem Kind sind in diesem Fall nicht zulässig. Es können ebenso individuelle Regeln aufgestellt werden, die sich an den Wertvorstellungen der Familie orientieren, z. B. dass beim Mittagessen nicht gestritten oder gezankt wird. Klare Regeln konsequent durchzusetzen, ist eine hohe Kunst, aber gerade bei Geschwisterstreitigkeiten ist es für das andere, vermeintlich schwächere Kind essenziell.

Folgende Punkte gilt es bei Streitigkeiten unter Geschwistern zu beachten: Vermeiden Sie Vergleiche, beschreiben Sie, statt zu vergleichen, mischen Sie sich nicht ein und setzen Sie klare Grenzen.

Unterstützungssysteme für Kinder und Eltern

Das Betreuen von hochbegabten Kindern und Jugendlichen stellt für viele Eltern, aber auch für ihre Erzieher und Lehrkräfte eine große Herausforderung dar. Daher ist es sinnvoll zu wissen, wo man sich bei Bedarf Hilfe und Anregungen für den anspruchsvollen Umgang mit diesen Kindern holen kann.

Die erste Anlaufstelle für Eltern mit hochbegabten Kindern im Kindergartenalter sind die ***psychologischen Beratungsstellen*** (früher „Erziehungsberatungsstellen"). Diese Einrichtungen sind häufig in Trägerschaft von kirchlichen Einrichtungen wie der Caritas bzw. der Diakonie oder in staatlicher Obhut. Diese Institutionen bieten den Vorteil, dass hier in der Regel ein interdisziplinäres Team aus Psychologen, Sozialarbeitern, Therapeuten usw. zur Verfügung steht – und somit verschiedenste Förderbereiche abgedeckt werden – und dass dieser Dienst kostenlos ist. Schwerpunkt ist neben der psychologischen Diagnostik auch die Beratung der Eltern bei Erziehungsfragen. Nachteil ist, dass diese Einrichtungen i. d. R. den Fokus nicht auf Hochbegabung legen und somit bei (speziellen) Fragestellungen zur Hochbegabungsdiagnostik eventuell nicht weiterhelfen können.

Schulberatungsstellen gibt es in allen Bundesländern.

Falls es sich beim Kind um einen Schüler handelt, sollte man den zuständigen Schulpsychologen konsultieren. ***Schulpsychologen*** sind Psychologen, die sich auf die Beratung innerhalb des Schulsystems spezialisiert haben. Zudem verfügen sie über eine fundierte Ausbildung im Bereich der psychologischen Diagnostik sowie häufig auch im Bereich der Hochbegabungsdiagnostik. Neben der Diagnostik der Hochbegabung können Schulpsychologen die Schüler sowie die Eltern über mögliche Fördermöglichkeiten innerhalb des Schulsystems aufklären und ggfs. die nötigen Kontakte herstellen. In Einzelfällen können Schüler auch bei psychischen Problemen, wie Selbstwertproblematik oder Mobbing in der Klasse, vom Schulpsychologen betreut werden. Die Kontaktdaten des zuständigen Psychologen sind in der Regel in jedem Sekretariat einsehbar bzw. zu erfragen. Schulen, die sich auf die Förderung von hochbegabten Kindern spezialisiert haben, besitzen normalerweise einen eigenen Psychologen, der sich nur um die Belange dieser besonderen Schüler kümmert. Dieser Dienst ist für Schüler und deren Eltern kostenlos.

Falls man eine wissenschaftlich fundierte Beratung bzw. Betreuung wünscht, besteht die Möglichkeit, spezielle ***Beratungsstellen an Universitäten*** aufzusuchen. Einige Universitäten haben eigene Forschungsstellen bzw. Beratungszentren für Hochbegabte. Vorteil ist hier, dass an solchen Einrichtungen ein großes Know-how an aktuellem Forschungswissen vorhanden ist. Nachteil ist, dass dieser Service nicht von jeder Universität angeboten wird und somit nicht flächendeckend vorhanden ist. Hier ist es sinnvoll, bei den ortsansässigen Hochschulen nachzufragen. Zudem wird seitens der Eltern häufig kritisiert, dass die meisten Probleme bei hochbegabten Kindern in der Schule auftreten und dort der Einfluss der Universität nur gering ist. Daher empfiehlt es sich, zunächst den Kontakt mit dem zuständigen Schulpsychologen zu suchen, der ggfs. eine Kooperation mit der Universität herstellen kann.

Exemplarisch werden im Folgenden drei große Beratungszentren für Hochbegabung genannt:

- Internationales Centrum für Begabungsforschung der Universität Münster
  → www.icbf.de
- Begabungspsychologische Beratungsstelle an der LMU München
  → www.psy.lmu.de/begabung/hochbegabung/index.html
- Tübinger Institut für Hochbegabung
  → www.tuebingerinstitut-hb.de

Glossar

Akzeleration	Alle Fördermaßnahmen, um das Schulsystem schneller zu durchlaufen
Begabung	Das Leistungsniveau eines Menschen im Allgemeinen
Bezugsnorm	***Soziale Bezugsnorm:*** Vergleich der Leistungen eines Schülers mit den Leistungen anderer Schüler (z. B. in der Klasse) ***Individuelle Bezugsnorm:*** Vergleich der Leistungen eines Schülers mit seinen früheren Lernergebnissen ***Sachliche Bezugsnorm:*** Vergleich der Leistungen eines Schülers mit vorgelegten Lernzielen (z. B. Lehrplan)
Deckeneffekt	Das Phänomen, wenn Intelligenzverfahren zu leichte Aufgaben stellen und somit die Hochbegabten sich immer im obersten Leistungsniveau befinden; eine Aussage über das exakte Begabungsprofil ist dann nicht möglich
Enrichment	Anreichern der Lehrplaninhalte mit zusätzlichem Material
Etikettierungseffekt	Veränderung der Einstellung sowie das Verhalten gegenüber einer Person nach Bekanntwerden einer Hochbegabung
Mentoring	Eine speziell ausgebildete Lehrkraft zur Unterstützung eines Schülers (Mentee)
Validierung	Grad der Genauigkeit, wie exakt ein Testverfahren das untersuchte Merkmal erfasst

| Weiterführende Informationen

Nachfolgend sind einige hilfreiche Adressen aufgeführt. Diese Liste erhebt keinen Anspruch auf Vollständigkeit.

Vereine und Verbände

DGhK | Die Deutsche Gesellschaft für das hochbegabte Kind e. V. (DGhK) ist ein bundesweit tätiger gemeinnütziger Verein, in dem sich betroffene Eltern, Pädagogen, Lehrkräfte, Wissenschaftler, Psychologen und auch Interessierte ehrenamtlich für die Förderung von begabten Kindern einsetzen.
www.dghk.de

Mensa | Mensa in Deutschland e. V. (MinD) ist der deutsche Zweig von Mensa International. Mensa ist ein weltweiter Zusammenschluss von derzeit etwa 100.000 hochbegabten Menschen. Laut eigener Satzung hat Mensa das Ziel, hochbegabte Menschen in Kontakt zu bringen und die Erforschung der menschlichen Intelligenz zu fördern.
www.mensa.de

Hochbegabtenförderung e. V. Hierbei handelt es sich um einen gemeinnützigen Verein zur Förderung von hochbegabten Kindern und Jugendlichen. Schwerpunkt ist die bundesweite Einrichtung von Kursen im außerschulischen Bereich.
www.hbf-ev.de

Bildung und Begabung e. V. Der Verein ist eine Initiative des Stifterverbandes für die Deutsche Wissenschaft. Der Verein unterhält einen Informationsdienst zu allen Bereichen, die mit Hochbegabung zusammenhängen, insbesondere Wettbewerbe und Fördermöglichkeiten. Außerdem ist er Herausgeber mehrerer Fachschriften.
www.bildung-und-begabung.de

Stiftungen

- Karg-Stiftung
  www.karg-stiftung.de
  mit dem Informationsportal www.fachportal-hochbegabung.de

- Kufner-Stiftung zur Förderung körperbehinderter Hochbegabter
  www.deutsches-stiftungszentrum.de

- Stiftung Bildung zur Förderung Hochbegabter
  www.stiftung-bildung.com

Eine Übersicht über weitere Stiftungen finden Sie unter:

- www.genius-hochbegabung.de

Allgemeine Informationen von verschiedenen Elterninitiativen

- www.kleverkids.de
- www.forumhochbegabung.de
- www.kubus-online.net

Internetseiten für die Förderung im Kindergarten

- www.ihvo.de (IHVO Institut zur Förderung hochbegabter Vorschulkinder)
- www.haus-der-kleinen-forscher.de
- www.cjd-hannover.de/angebote/kinderakademie-fantasticus

Förderung für den schulischen Bereich (Deutsch, Mathematik usw.; Grundschule bis gymnasiale Oberstufe)

- www.schlaukopf.de
- www.mauswiesel.info
- www.mathe-physik-aufgaben.de
- www.mathepirat.de
- www.zaubereinmaleins.de
- www.fraulocke-grundschultante.de

Stipendien für hochbegabte Schüler und Studenten

- www.dornierstiftung.de
- www.rolandbergerstiftung.org

Informationen zu Stipendienprogrammen für den Hochschulbereich finden Sie in diesen Datenbanken:

- www.stipendienlotse.de oder
- www.scholarshipportal.com

Wettbewerbe

- Bundeswettbewerb „Jugend debattiert"
  Teilnahme: Durchführung in zwei Altersstufen (Mittel- und Oberstufe):
  www.jugend-debattiert.de

- „Der Wettbewerb zur ARD-Radionacht für Kinder"
  Teilnahme: einzelne Schüler oder ganze Klassen bis zu 13 Jahren:
  www.kinder.wdr.de/radio/kinderradionacht

- „Bundeswettbewerb Informatik"
  Teilnahme: alle Altersstufen; Auswahl für die Teilnahme an der Internationalen Informatik-Olympiade (IOI):
  www.bwinf.de/bundeswettbewerb

- „Internationale Chemie-Olympiade (IChO)"
  Teilnahme bis zum Alter von 20 Jahren:
  www.wettbewerbe.ipn.uni-kiel.de/icho/

- „Internationale Physik-Olympiade (IPhO)"
  Teilnahme bis zum Alter von 20 Jahren:
  www.wettbewerbe.ipn.uni-kiel.de/ipho/

Eine Übersicht über alle im deutschsprachigen Raum angebotenen Schülerwettbewerbe bietet die Homepage der „Arbeitsgemeinschaft bundesweiter Schülerwettbewerbe":

- www.bundeswettbewerbe.de

Studiengänge speziell für Hochbegabte (Deutschland)

- Masterstudiengang „M.Sc. Psychology: Learning Sciences", Ludwig-Maximilians-Universität München
- Masterstudiengang „M.Sc. Cognitive Science", Technische Universität Kaiserslautern

Weiterbildungen und Studiengänge für interessierte Pädagogen

- ECHA Diplom „Spezialist in Gifted Education" am Internationalen Centrum für Begabungsforschung, Münster
- Masterstudiengang „Begabungsforschung und Kompetenzentwicklung" an der Universität Leipzig
- Fortbildung und Weiterbildung (Länderübergreifend: D-A-CH): eVOCATIOn-Weiterbildungsinstitut – www.ewib.de

Literatur

Cattell, Raymond B. (1963): Theory of fluid and crystallized intelligence: A critical experiment. In: Journal of Educational Psychology 54 (1), S. 1–22.

Gardner, Howard; Spengler, Ute (2008): Intelligenzen. Die Vielfalt des menschlichen Geistes. 3. Aufl. Stuttgart: Klett-Cotta.

Galton, Francis (1910): Genie und Vererbung. Autorisierte Übersetzung von O. Neurath & A. Schapire-Neurath. Leipzig: Verlag Dr. Werner Klinkhardt.

Haubl, Rolf (2014): Nur kein Neid! In: T. Hoyer, R. Haubl & G. Weigand (Hrsg.). Sozio-Emotionalität von hochbegabten Kindern (S. 40–55). Weinheim, Basel: Beltz.

Heller, Kurt A.; Perleth, Christoph (2007): Münchner Hochbegabungstestbatterie für die Primarstufe. MHBT-P; Manual. Göttingen: Hogrefe.

Holling, Heinz; Kanning, Uwe Peter (1999): Hochbegabung. Forschungsergebnisse und Fördermöglichkeiten. Göttingen: Hogrefe.

ISB – Staatsinstitut für Schulqualität und Bildungsforschung (2019): Grundschule in die Sekundarstufe I. Verfügbar unter https://www.isb.bayern.de/schulartuebergreifendes/qualitaetssicherung-schulentwicklung/bildungsberichterstattung/uebertritte/stadt-land/ [01.09.2019]

Jäger, Adolf Otto (2006): Berliner Intelligenzstrukturtest für Jugendliche: Begabungs- und Hochbegabungsdiagnostik. BIS-HB; Manual. Göttingen: Hogrefe.

Jost, Monika (2005): Hochbegabte erkennen und begleiten. Ein Ratgeber für Schule und Elternhaus. 3., aktualisierte Aufl. Wiesbaden: Universum-Verlag.

Köller, Olaf (2004): Konsequenzen von Leistungsgruppierungen. Münster: Waxmann.

Leman, K. (2004). Geschwisterkonstellationen: Die Familie bestimmt Ihr Leben. 6. Aufl. Heidelberg: mvg-Verlag.

Neubauer, Aljoscha; Stern, Elsbeth (2008): Lernen macht intelligent. Warum Begabung gefördert werden muss. 2. Aufl. München: Dt. Verl.-Anst.

Preckel, Franzis; Vock, Miriam (2013): Hochbegabung. Ein Lehrbuch zu Grundlagen, Diagnostik und Fördermöglichkeiten. 1. Aufl. Göttingen: Hogrefe.

Prölß, Alexander (2015): Überflieger oder nur Mittelmaß bei Prüfungen? Beides ist bei hochbegabten Kindern möglich, erschwert aber ihre Identifizierung. In: Niederbayerische Schule (05/2015), S. 7–8.

Prölß, Alexander (2019): Schulische Förderung hochbegabter Kinder. In: Freie Psychotherapie (04/2019), S. 14–16.

Rimm, Sylvia B. (2007): Keys to parenting the gifted child. Scottsdale, AZ: Great Potential Press.

Rost, Detlef H. (Hg.) (1993): Lebensumweltanalyse hochbegabter Kinder. Das Marburger Hochbegabtenprojekt. Göttingen: Hogrefe (Ergebnisse der pädagogischen Psychologie, 11).

Rüegg, Johann Caspar (2011): Gehirn, Psyche und Körper – Neurobiologie von Psychosomatik und Psychotherapie. Schattauer GmbH: Stuttgart.

Stern, William; Whipple, Guy Moulrose (1914): The Psychological Methods of Testing Intelligence. Baltimore: Warwick & York.

Stöger, Heidrun; Ziegler, Albert; Schimke, Diana (2009): Mentoring: Theoretische Hintergründe, empirische Befunde und praktische Anwendungen. Lengerich u. a.: Pabst Science Publishers.

Stradelmann, Willi (2019): Begabungs- und Intelligenzentwicklung aus Sicht der Genetik und der kognitiven Neuropsychologie. Vortrag auf der Jahrestagung LemaS („Leistung macht Schule“) in Karlsruhe (21.09.2019).

Webb, James T. (2017): Hochbegabte Kinder. Das große Handbuch für Eltern. 2., unveränderte Aufl. Bern: Hogrefe.

Wechsler, Joseph D.; Matarazzo, Joseph D. (1972): Wechsler's Measurement and appraisal of adult intelligence. New York: Oxford University Press.

Wocken, Hans (2007). Fördert Förderschulen? Eine empirische Rundreise durch Schulen für optimale Förderung. In: I. Demmer-Dieckmann & A. Textor (Hrsg.). Integrationsforschung und Bildungspolitik im Dialog (S. 35–60). Bad Heilbronn: Klinkhardt.

Ziegler, Albert (2008): Hochbegabung (UTB).

Zimbardo, Philip G.; Gerrig, Richard J. (2018): Psychologie. 21., aktualisierte und erweiterte Aufl. Pearson.